UNE LARME M'A SAUVÉE

TÉMOIGNAGE

Les Éditions Transcontinental
5800, rue Saint-Denis, bureau 900
Montréal (Québec) H2S 3L5
Téléphone : 514 273-1066 ou 1 800 565-5531
www.livres.transcontinental.ca

Pour connaître nos autres titres, consultez le www.livres.transcontinental.ca.
Pour bénéficier de nos tarifs spéciaux s'appliquant aux bibliothèques d'entreprise ou
aux achats en gros, informez-vous au 1 866 800-2500 (faites le 2).

**Catalogage avant publication de Bibliothèque et Archives nationales du Québec
et Bibliothèque et Archives Canada**

Lieby, Angèle
Une larme m'a sauvée
ISBN 978-2-89472-653-2
1. Lieby, Angèle. 2. Soins médicaux - Aspect psychologique. 3. Souffrance -
Aspect psychologique. 4. Système nerveux central - Maladies - Patients -
France - Biographies. I. Titre.

RC385.L53 2013   362.196'80092   C2012-941921-4

Cet ouvrage a été originalement publié en France sous la direction de Catherine
Meyer, avec la collaboration d'Aleth Stroebel. © Éditions des Arènes, Paris, 2012
(pour l'édition française)

Révision : Nathalie Sawny
Adaptation et correction : Lyne Roy
Conception graphique intérieure : Daniel Collet (In Folio)
Impression : Marquis Imprimeur – Division Gagné

Imprimé au Canada
© Les Éditions Transcontinental, 2013, pour la version française publiée
en Amérique du Nord.
Dépôt légal – Bibliothèque et Archives nationales du Québec, 1er trimestre 2013
Bibliothèque et Archives Canada

Nous reconnaissons l'aide financière du gouvernement du Canada par
l'entremise du Fonds du livre du Canada pour nos activités d'édition. Nous
remercions également la SODEC de son appui financier (programmes Aide à
l'édition et Aide à la promotion).

Angèle Lieby
avec Hervé de Chalendar

UNE LARME M'A SAUVÉE

TÉMOIGNAGE

Les Éditions
Transcontinental

Pour Cathy, Célia et Mélanie,
en espérant que ce modeste récit les accompagne
sur le chemin de leurs propres vies.

Table des matières

*E*N ÉCRIVANT CE LIVRE, *mon ambition première était de donner la parole à celui que la médecine doit servir : le patient. Ni traité médical, ni roman d'aventure, ni biographie, cette histoire est celle d'un combat.*

Un récit est forcément partial et partiel. J'étais au cœur de l'histoire, mais pas toujours, et je dirais même pas souvent en mesure de la comprendre. Malheureusement, je ne suis pas la seule à ne pas avoir tout compris ! Mais personne ne peut contester mon statut de témoin privilégié de cette question cruciale : la douleur en milieu hospitalier.

Oublier ou témoigner ? Ressasser ou dépasser ? Enfouir ou déballer ? Je me suis régulièrement posé la question. Dans un réflexe de survie, on peut être tenté d'effacer de sa mémoire les moments les plus douloureux, parce qu'ils empêchent de se reconstruire.

Certains, parmi mes proches, n'ont pas caché leur crainte en me voyant obsédée par l'idée de témoigner : « Ne reviens pas sur le passé, tu vas te faire du mal ! Il vaut mieux parler de choses positives... »

Je suis entièrement d'accord : mon discours se doit d'être positif. Il ne s'agit pas d'être dans le ressentiment, le règlement de compte. J'ai décidé très tôt de ne pas engager de procès, de ne pas chercher à établir de responsabilités. De la même façon, je n'ai écrit ni pour accuser ni pour me plaindre, mais pour aider, faire avancer les choses.

Pour que les malades se fassent entendre et que les soignants s'interrogent.

Pour parler au nom de ceux qui, comme je l'étais il n'y a pas si longtemps, ne peuvent ni parler ni même bouger.

Je devais écrire parce qu'une expérience doit servir.

Parce qu'une erreur peut survenir, mais ne doit pas se répéter.

Je supporterai beaucoup mieux les souffrances que j'ai endurées si elles atténuent celles des patients qui me succéderont.

1

Seule dans la nuit

Ù SUIS-JE ? Tout est noir. Je suis dans le noir. Un noir total, sans la moindre nuance, sans la moindre lueur. Un noir terrifiant ou rassurant, je ne sais. C'est le même que celui de mon enfance, lorsque je m'enfermais dans un placard pour me sentir en sécurité en même temps qu'effrayée…

J'ai beau regarder de toutes mes forces, je ne vois rien. Rien que ce noir profond. Ai-je les yeux ouverts ou fermés ? Je l'ignore. Que s'est-il passé ? Je l'ignore également. Je sais simplement que je ne suis pas seule : j'entends quelqu'un à côté de moi. Il a une respiration rapide, comme un chien après l'effort.

Est-ce un homme ? Un animal ?

Mais surtout, je me sens oppressée. Je ressens une pression si forte sur ma poitrine que je dois résister pour respirer. Alors, je gonfle ma cage thoracique, et je produis un effort si grand que j'entends mes côtes craquer… Je m'arrête, effrayée. Ce poids me comprime, et je ne peux quand même pas me laisser écraser…

Je dois lutter pour respirer, dans ce noir absolu. Que s'est-il passé? Quelle est l'explication de tout ceci? Un événement grave a dû se produire, c'est évident. Je dois le découvrir. Je dois me calmer et réfléchir.

Je suis venue aux urgences, je m'en souviens très bien : j'avais mal à la tête, un mal de tête si terrible que je me suis rendue à l'hôpital. Quel endroit plus sûr qu'un hôpital? Et me voici désormais dans l'obscurité. Où sont-ils, les médecins? Où sont-elles, les infirmières? Où est Ray? Où sont mes proches? Qu'est-ce qui m'écrase ainsi? Je résiste, mes côtes craquent, et je n'ose plus ni abdiquer ni résister…

En fait, c'est comme si l'hôpital m'était tombé dessus.

C'est ça : comme s'il y avait eu un tremblement de terre, et que j'étais ensevelie sous des tonnes de décombres. Il y a cette respiration rapide à côté, celle d'un autre être vivant pris au piège, lui aussi, dans l'écroulement soudain du monde. Mais à part ça, tout est calme. Est-ce toujours aussi tranquille après un séisme? Est-ce le même silence qui succède au vacarme des catastrophes?

Sans doute. Il y a aussi un calme après la tempête.

Ce qui est curieux, c'est qu'à part ce poids sur mes côtes, à part l'énigme de ce noir immense, je me sens bien. En pleine forme! Bien mieux, en tout cas, que quand je suis arrivée, avec cette migraine atroce qui m'enserrait le crâne comme dans un étau. Maintenant, ce n'est plus ma tête qui est comprimée, c'est ma poitrine; c'est angoissant, mais c'est plus supportable. J'essaie d'appeler, mais je crois bien qu'aucun cri ne sort de moi. Ne résonnent que mes pensées. L'être à côté de moi est également muet. Il ne parle ni ne grogne.

Le temps passe. Bêtement, insensiblement, j'essaie de respirer comme lui, avec ce rythme rapide et mécanique de chien essoufflé. C'est une façon de m'occuper. Je me fatigue. Je suis toujours oppressée, mais je ne fais plus d'effort pour respirer.

Tant pis. Je me rends. Je m'assoupis…

Je suis réveillée par des voix. Ce sont des voix paisibles, accompagnées de bruits de pas. Des femmes, des hommes. Des discussions brèves, utilitaires. Ils parlent de chambres, de patients.

– Tu as déjà fait les soins de la 230?

Je souris intérieurement. Ouf! Tout s'arrange! Je suis toujours à l'hôpital, et il n'y a pas eu de séisme… Le bâtiment ne s'est pas écroulé. Et je ne suis sans doute pas enfermée dans un placard, je suis installée dans une chambre, comme une patiente ordinaire. Mais pourquoi suis-je encore hospitalisée ? Ils terminent les affaires courantes, je suppose, et ils vont venir me voir, ils vont m'ouvrir les yeux. Ceux-ci sont fermés, voilà tout, ainsi que ma bouche, pour une raison que j'ignore.

Et si c'était grave ? Mais pourquoi ? Je n'ai pas eu d'accident, j'avais juste mal à la tête. Je ne suis que de passage. C'est pour ça que je partage la chambre de ce malade qui dort en continu et respire avec une impressionnante régularité d'animal. Je suis dans un état de semi-conscience, et dès que je serai réveillée, je pourrai rentrer à la maison.

Qui sait, je pourrai peut-être même encore aller danser !

Est-ce que je rêve ? C'est une possibilité.

Est-ce que, dans un rêve, on se demande si l'on rêve ? Oui, il me semble. Mais un rêve ne dure jamais longtemps.

Qu'attendent-ils pour m'ouvrir les yeux et me desserrer la mâchoire ? Qu'attendent-ils pour venir me voir, au lieu de ne faire que passer ? Qu'attendent-ils pour me libérer ? Et pour tout m'expliquer ?

Ils sont repartis.

Je pense pour m'occuper. Je me souviens parfaitement de tout ce qui est arrivé avant que je me réveille dans cette nuit immense. Je n'ai rien oublié.

Le scénario des dernières heures repasse dans mon esprit avec la précision d'un film sur grand écran. D'un côté, je suis heureuse de me le rappeler aussi bien ; de l'autre, je redoute déjà, confusément, ce que je m'apprête à vivre.

2

Des picotements au bout des doigts

LUNDI 13 JUILLET 2009. C'est l'été, la veille de la fête nationale. Tout le monde ou presque est en vacances : les juillettistes sont sur les plages et les aoûtiens font le pont. Et moi, ce matin, je me lève à 4 h ! Je travaille en équipe du matin : de 6 h à 13 h 30.

Cet horaire ne me dérange pas. Les prochaines vacances vont bientôt arriver et les dernières ne sont pas si loin : il y a deux semaines, Ray et moi étions à Rhodes. Pris entre les bleus du ciel et de la mer. Un enchantement : je ne peux m'empêcher de sourire en y repensant… Je n'ai pas envie de me plaindre, vraiment. Me lever avant le soleil ne me fait pas peur : je suis du matin. Et j'ai l'habitude : c'est comme ça une semaine sur deux.

De 6 h à 13 h 30, une semaine, de 13 h 30 à 21 h, la semaine suivante. C'est un rythme fatigant, c'est vrai, mais, au moins, quand je commence tôt, j'ai mon après-midi : ça me permet d'aller à la piscine, de voir mes copines… Je suis obligée de me coucher en début de soirée, c'est tout.

Je suis en pleine forme. D'accord, j'ai été opérée d'une hernie discale en février, mais c'est déjà de l'histoire ancienne. Je me suis remise au sport, et en particulier au vélo.

Samedi dernier, j'ai parcouru de nouveau cinquante kilomètres, comme avant. Je me suis dit : «Ça y est, l'opération n'est plus qu'un souvenir!» Il faisait chaud : je me souviens de la sensation de fraîcheur quand notre groupe de cyclistes est arrivé dans la forêt du parc de Pourtalès, dans le quartier chic de la Robertsau, à Strasbourg. C'est peut-être à cause de ce contraste de températures que j'ai attrapé un petit mal à la gorge… Ce n'était rien, je n'avais pas de fièvre, j'ai juste pris un cachet. Le lendemain, nous étions invités à midi chez Gilbert, mon frère. Je me sentais fatiguée. Si ça n'avait pas été Gilbert, j'aurais décommandé. Mais ceci n'avait rien d'inquiétant, vraiment : nous sommes tous fatigués après une semaine de travail, non?

Quand j'y repense, il y a aussi eu le coup de l'ananas. À la cantine de l'entreprise, c'est toujours ce que je choisis en dessert, mais la semaine dernière, je ne sais pas pourquoi, ce n'était plus possible : je ne pouvais pas en supporter l'acidité. C'était une sensation bizarre : comme si ma langue se fendillait. J'ai constaté le même phénomène pour le citron sur le poisson. Je n'ai pas insisté.

Ces derniers jours, il y a donc eu ce petit mal de gorge, cette fatigue du dimanche et ce dégoût soudain pour l'ananas. Des petits riens. Des points d'interrogation sans importance, comme il s'en présente régulièrement dans sa vie et que l'on oublie tant que cette vie suit son cours ordinaire. Une fois que le drame est enclenché, ils deviennent des signes avant-coureurs.

Non, vraiment, ce lundi 13 juillet avant l'aube, dans ma salle de bains où, comme chaque matin, j'écoute de la musique en faisant ma toilette, je me sens bien. À cinquante-sept ans, sans fausse modestie, j'ai l'impression d'être plus jeune que beaucoup d'autres femmes de mon âge. Grâce à l'exercice physique, sans doute : le vélo, la piscine, les raids en haute montagne, la course à pied (j'ai participé plusieurs fois aux «Dix kilomètres de Strasbourg»)… Grâce à mon caractère, aussi : on m'a toujours dit que j'étais d'un naturel positif, et on a bien raison. Je ne suis vraiment pas du genre à déprimer. Grâce à l'amour, enfin. Ray dort encore, tranquillement. Notre fille Cathy vit à Paris et nous a donné deux superbes petites-filles, Célia et Mélanie. Tout va bien, vraiment. Je le reconnais volontiers : je suis heureuse. La vie est belle, et ce n'est pas le fait d'aller travailler à 6 h du matin une veille de 14 juillet qui va me faire penser le contraire ! Surtout qu'on a prévu, ce soir, d'aller faire un tour au bal des pompiers…

Je prends un copieux petit déjeuner et je pars dans le jour naissant. Je quitte notre appartement de Schiltigheim, dans la banlieue de Strasbourg. D'ordinaire, je prends le bus de l'entreprise, mais, ce matin, je préfère y aller en voiture. Je me mets en route pour ma société, située à une vingtaine de kilomètres de mon domicile. Je travaille là-bas depuis dix ans. Mon entreprise fabrique des chariots pour les supermarchés, les aéroports, les hôpitaux… Pendant plus de vingt ans, j'étais chef d'équipe dans une entreprise de tricotage. J'avais un bon poste, mais la société a fermé. J'ai alors pris ce qui venait, et ce fut ce poste, dans cette usine. J'installe les monnayeurs sur les barres métalliques. Ce sont ces fentes où l'on introduit les pièces ou les jetons pour libérer les chariots. Selon les commandes et les pays, ces monnayeurs ne sont pas toujours placés au même endroit : il faut procéder au réglage, les caler parfois au milieu, parfois à droite, parfois à gauche…
Je travaille avec une visseuse, mais je reste debout. C'est une tâche assez physique, mais j'ai

pris le rythme. Dans chaque équipe de cet univers masculin, il y a une proportion d'environ trois cents hommes pour une dizaine de femmes. Je me suis aussi habituée à ça. Je crois qu'ils m'aiment bien, tous ces hommes. Ils viennent souvent me raconter leurs petites histoires. On plaisante, on discute. J'aime le contact humain que permet ce travail, et comme je suis du genre à toujours voir le bon côté des choses... C'est chez moi, toujours, que l'on envoie les stagiaires. Tout va bien, vraiment, puisque je suis en pleine forme et que je suis heureuse.

La première ombre sur ce bonheur se profile dans le stationnement de l'entreprise, éclairé par un jeune soleil : je ressens des picotements au bout des doigts. Je pense à une ancienne cassure à un auriculaire. Un rhumatisme ? Le signe d'un changement de temps ? Ah non, ce serait trop bête qu'il pleuve ce soir, au bal ! Mais non, c'est autre chose : le mal concerne tous mes doigts, mes deux mains.

La douleur s'attarde sur les jointures. Elle est soudaine et plutôt forte. Je me frotte les mains, sans résultat. C'est surprenant, mais qu'importe. Quand il faut y aller... Je salue mes collègues, je m'attaque aux monnayeurs et je sens que mes mains, en travaillant, se dégourdissent un peu.

Mais voici que survient un violent mal de tête. J'essaye de ne pas y penser. Je place, je visse, j'installe. Les barres des chariots s'empilent... et le vrombissement de l'usine s'intensifie jusqu'à me vriller le crâne. La migraine m'étourdit. Je ne peux même plus me pencher pour poser une pièce dans la caisse.

À 8 h 30, je prends la décision d'abandonner.

Je vais voir mon chef pour lui dire qu'il m'est impossible de continuer.

– Repose-toi, Angèle. Fais une pause, ça va passer…

Non. J'ai déjà compris que ça ne passera pas. Que toutes les pauses, toutes les bonnes paroles n'y feront rien. Je ne peux plus travailler, malgré toute la volonté dont je suis capable. J'ai le pressentiment que ce qui me terrasse, ce matin, n'est pas une simple migraine, pas un banal rhumatisme. J'ai la sourde impression que quelque chose de grave est en train d'arriver, mais je ne sais pas quoi.

– Il faut que je rentre, désolée…

Le chef me donne un formulaire, et je quitte mon poste.

En me voyant partir, mon collègue Marc a la gentillesse de me souhaiter un « bon 14 juillet ! ». Son sourire est inquiet : il a repéré, lui aussi, que ce mal de tête n'a rien d'anodin. Ils me connaissent bien, ici. Ils savent que je ne suis pas du genre à déclarer forfait à la moindre contrariété. En dix ans, je n'ai jamais été en congé maladie. Je ne m'attarde pas, je file dans le stationnement : il faut que je rentre au plus tôt, tant que je suis encore capable de conduire.

Ray est surpris, évidemment, de me voir revenir. Il me donne un cachet antidouleur, et je me recouche. Au réveil, avec un peu de chance, je pourrai me préparer pour le bal… Au réveil, c'est pire : ça paraît impossible, mais le mal de tête s'est encore aggravé. Le moindre mouvement est un supplice. C'est comme si ma tête était serrée dans un casque trop petit, et que ce casque continuait à rétrécir, jusqu'à me comprimer le cerveau.

Aucun cachet au monde ne pourrait me soulager.

– J'appelle le médecin ! décide Ray en fin d'après-midi.

Notre médecin traitant ne répond pas : il est en congé. Ray essaye sa remplaçante : elle n'est pas disponible non plus.

Je commence à paniquer, mon état est intenable.

Ray, lui, reste zen :

– Il reste une solution : on appelle le SAMU* !

Mon mari a toujours su me rassurer. C'est un homme solide, dynamique, efficace. Il a plus de soixante ans, mais, sincèrement, lui non plus ne fait pas son âge. Il travaille encore : il supervise des chantiers de construction. Ce n'est pas un métier toujours facile, mais il s'en sort bien. Il sait se faire respecter des ouvriers. Il a de la prestance et de l'auto-rité. Il faut dire que c'est un ancien policier. Il a fini

---

* Service d'aide médicale d'urgence.

sa carrière à la police judiciaire, à Strasbourg. Il a vu passer un paquet d'affaires et il en a résolu pas mal. Ce n'est pas le genre à s'affoler. Je ne comprends pas ce qui m'arrive, je ne comprends pas pourquoi ma tête est sur le point d'éclater ni pourquoi j'ai cette curieuse impression de m'engourdir, mais je me dis que tant que Ray est là, tant qu'il veille sur moi, je suis en sécurité.

Le médecin du SAMU frappe à la porte de l'appartement. Il m'examine, m'interroge. Douleurs aux mains, migraine, sensation d'engourdissement ? Il fait la moue. Ces symptômes ne correspondent à aucune pathologie connue. Ray le convainc de m'emmener aux urgences.

On veut me porter. Je proteste :

– Je n'ai que mal à la tête…

Et j'insiste pour descendre les trois étages de mon immeuble par l'escalier, sans prendre l'ascenseur.

3

Fausses routes

L E BRANCARD FILE dans les couloirs de l'hôpital. Il cogne contre les murs, les portes, et à chaque choc, ma tête explose. Mon Dieu, pourquoi vont-ils si vite ? Nous sommes arrivés aux urgences de cet hôpital de Strasbourg vers 21 h. Depuis, on me trimbale de service en service. J'ai l'impression d'être une balle de chiffon lancée d'un coin à l'autre.

Piqûres, comprimés, machines, ponction lombaire, regards interrogateurs…

Il paraît que j'ai de plus en plus de difficultés à m'exprimer et à respirer. Il semble également que je perde mes réflexes. C'est à présent pire que de l'engourdissement, comme si je me paralysais lentement. Le brouillard s'épaissit. À certains moments, tout devient cotonneux, vaporeux. J'ai des absences. J'oublie ce qui vient juste de se passer.

Un homme en blouse blanche interpelle Ray, vaguement inquiet :

– Votre femme parle toujours aussi doucement ?

Les médecins cachent mal leur perplexité.

Personne n'a la moindre idée de ce que peut être la curieuse maladie qui est en train de me foudroyer. On ne sait pas, et pourtant, on est sur le point de me renvoyer chez moi ! Puisque mon mal ne correspond à rien de ce qu'ils savent, ça ne peut pas être si grave… Ray n'est pas du tout de cet avis : au contraire, tant qu'on n'a pas trouvé, il faut me garder ! Il veut absolument qu'on m'hospitalise, c'est bien trop sérieux.

Les examens reprennent. Maladie de Lyme ? Méningite ? Peut-être… Mais il n'y a rien d'évident nulle part, sur aucun écran d'ordinateur, dans aucune analyse, aucun cerveau de spécialiste.

Ray finit par me quitter à regret. À deux heures du matin, l'hôpital le réveille : on lui demande de venir me chercher, car les spécialistes font toujours chou blanc. Ray reste inflexible : ils doivent me garder. Je quitte les urgences, mais je reste à l'hôpital. Et le brancard reprend sa course folle, de couloir en couloir…

Est-ce mon côté bon vivant qui ressort malgré tout, malgré la souffrance et l'inquiétude qui grandissent en moi ? En pleine nuit, soudain, je me souviens que je n'ai pas dîné. Je dois manger ! J'ai faim et je réclame un repas.

L'infirmière acquiesce sans difficulté :

– Pas de souci, on vous apporte ça !

Elle revient avec un plateau. Il y a des petits pois. Je prends une cuillerée. Tout part de travers : je tousse, je m'étouffe. Si je ne peux manger, je vais au moins boire. C'est la même chose avec l'eau : je m'asphyxie. Je ne peux plus avaler. Les boissons comme les aliments font fausse route. J'arrive tout juste à suçoter un bonbon. Et bientôt, me semble-t-il, je ne pourrai plus respirer. Je manque d'air.

Les médecins ont enfin trouvé une anomalie : quelque chose cloche du côté de mes globules blancs. Ce qu'ils comprennent surtout, maintenant, c'est que je vais mourir, là, devant eux, s'ils n'interviennent pas : je vais étouffer, m'éteindre doucement, comme une flamme privée d'oxygène. Il n'y a plus à se poser de questions : il faut employer les grands moyens, et vite. C'est décidé : on va m'intuber, c'est-à-dire me placer un tuyau dans la bouche ; il me reliera à un respirateur artificiel pour me garder en vie.

Ray est revenu, car je l'entends me dire :

– Ne t'inquiète pas, ma chérie, on va te soigner…

Sa voix réussit encore à me rassurer. Elle me tire de ma somnolence. Je suis en train de m'endormir, épuisée par tant de douleur.

Un médecin informe Ray de ce qui est en train de se jouer :

– On va placer votre femme dans un coma thérapeutique, pendant un jour ou deux.

– Dans le coma ?

– C'est pour faciliter les soins, diminuer ses besoins métaboliques et la forcer à accepter l'aide du respirateur : le réflexe de respirer perturberait le fonctionnement de la machine et, surtout, l'épuiserait.

Je ne suis plus en mesure de suivre cette conversation. On me fait glisser dans la nuit. Afin de me sauver la vie d'abord et de comprendre ensuite ce qui l'a mise en danger, subitement, sans raison.

Et quand je me réveillerai, tout sera plus clair.

4

Mon corps est une prison

LE NOIR. ENCORE. Toujours. Ce noir total, auquel je m'habitue, car on s'habitue à tout. Ce noir absolu auquel mes pensées donnent des formes, apportent des nuances, imposent des dégradés.

Les jours ont passé. Je me suis réveillée, mais la nuit ne m'a pas quittée. Le savent-ils, les médecins, Ray, Cathy, que je suis de retour? Tout est calme. J'entends cette respiration et ces bruits de machines en permanence, j'entends des voix régulièrement, mais elles ne me parlent jamais. J'ai l'impression que l'on m'ignore. D'être là sans l'être vraiment. Ou plutôt d'être présente sans que les autres le sachent, comme un fantôme…

Voici Ray! Je l'ai reconnu. Il a parlé à quelqu'un, là, à l'instant, il a échangé quelques mots avec une femme et il est à présent à côté de moi, je le sais. Je le sens. Il est là, mon mari, évidemment, il sera toujours près de moi, surtout dans les moments difficiles. Je frémis, j'en tremble. Je lui parle, mais ne résonne que le vacarme de mes pensées. Il ne répond pas, il ne dit rien. Ray, mon amour, est-ce que tu m'entends ? Est-ce que tu me vois trembler ? Est-ce que tu sens combien notre présence est forte, maintenant, l'un à l'autre ?

Dans ma nuit ne parviennent que des sanglots étouffés.

Ray est reparti, et je suis totalement perdue. Je comprends que ce que je ressens ne correspond pas à ce que je laisse paraître. J'ai l'impression d'être normale ; or, rien ne fonctionne. Je crois hurler, mais ce hurlement n'est qu'intérieur. Je crois bouger, mais je suis totalement inerte. Comment prévenir que je vais bien ? Comment leur dire de ne pas s'inquiéter ?

Où est la porte de sortie ? J'explore ce noir immobile dans lequel j'évolue comme une âme en peine, un être immatériel.

Je me compare à un arbre : il ne bouge pas, il est inerte, ne dit rien, ne crie même pas quand on le coupe ; et pourtant, il vit. Si l'on décidait de me débiter en tranches, là, maintenant, moi non plus, je ne pourrais pas protester.

Mais quitte à être un arbre, je voudrais être un tronc qui flotte sur la rivière. Car j'ai très chaud. Je me sens déshydratée, desséchée. Je rêve d'eau. Je rêve du bruit d'une fontaine, d'un robinet qui coule. L'eau, pour moi, à cet instant, est la plus grande richesse. Un bain, c'est l'image du bonheur absolu. Je pense à la source miraculeuse du mont Sainte-Odile, le pèlerinage à la patronne de l'Alsace, près de Strasbourg : il fait si frais là-haut, c'est si réconfortant et l'on s'y sent si bien...

J'ai l'impression d'être un arbre, d'être couverte d'une écorce épaisse, parce que je comprends bien, à présent, que je suis enfermée. Je suis comme dans un cercueil qui serait mon propre corps. Emmurée en moi-même. Je toque sur la paroi intérieure de ma peau, mais personne ne m'entend.

Je dois absolument envoyer un signe, mais je ne peux ni crier ni bouger. Je peux seulement écouter et penser. Et pour penser, je pense... Je repense au tronc d'arbre qui glisse sur l'eau. Ce tronc se transforme : des yeux apparaissent sur le devant, ainsi que deux sortes de narines, il se rétrécit sur l'arrière pour former une queue... L'arbre est devenu un crocodile, qui ouvre sa gueule subitement, dans un grand claquement d'eau ! Lui au moins, il pourra se défendre si on entreprend de lui faire mal. Lui au moins, il mordra si on le touche. Ah, si j'étais un crocodile ! Je suis sans doute en train de rêver...

Je me réveille, soudain.

Une lueur m'éblouit.

Je ne vois rien qu'un grand soleil, mais c'est une excellente nouvelle : le soleil existe encore ! Le noir n'est plus mon seul horizon. Cette lumière-là n'a pas de prix. C'est un espoir, l'espoir que ce tunnel dans lequel je suis engagée ne soit pas sans fin : il y a un bout, puisqu'il y a une lueur. Il y a de la vie, puisqu'il y a du jour.

Mais le rideau de mes paupières se referme brutalement.

Je retombe dans le noir.

Un homme a demandé :

– Alors, cette pupille ?

Un autre a soupiré, et je n'ai pas entendu sa réponse. Je n'étais préoccupée que par une chose : l'extinction brutale de ce soleil surgi du néant. Il s'est couché aussi vite qu'il s'est levé. Mon étoile n'aura brillé que quelques secondes. C'était un ophtalmologue, sans doute : il a soulevé une de mes paupières, il a braqué sa lampe dans le fond de mes yeux, et il a tout refermé.

Est-il possible qu'il n'ait rien vu ? Qu'il n'ait pas repéré mon âme inquiète ? Mon âme qui crie, qui pleure et appelle au secours ?

Il ne peut pas ne pas avoir vu une étincelle de vie au fond de cet œil-là. Il ne peut pas avoir conclu que je n'étais qu'un arbre mort, qui ne méritait pas même qu'on le jette à la rivière.

5

Une histoire de fous

ANGÈLE, MÊME DANS LE COMA, tu es belle !
— Le coma ? Le mot a été lâché par Bernadette, ma voisine, mon amie de trente ans.
Celle qui nous a fait découvrir, à Ray et moi, les joies et les exigences de la randonnée en haute montagne.

Elle est entrée dans cette chambre d'hôpital. J'ai senti sa douceur m'envelopper. Et elle m'a susurré cette phrase.

Si je n'avais pas été dans cette situation extrême, j'aurais sans doute été touchée par ce compliment… Mais je l'ai à peine entendu. Ce que j'ai retenu, ce qui accapare totalement mon esprit désormais, ce qui le fait carburer, ce qui épuise toutes ses capacités de réflexion, c'est ce petit mot aux allures exotiques : coma.

C'est donc ça : pour eux, je suis encore dans le coma ! À leurs yeux, il n'est toujours pas terminé, ce fichu coma qui ne devait durer qu'un ou deux jours. Pour eux, il ne finira peut-être jamais. Ce n'est donc pas un mauvais rêve : je suis parfaitement éveillée, et ils me croient dans les limbes de l'inconscience. Depuis combien de temps suis-je dans cet état ?

Je leur crie, de toute mon âme :

– Mais je suis là ! Je ne suis pas dans le coma, puisque je vous entends ! Rassurez-vous, bon sang, je n'ai rien ! Venez voir ! Venez me chercher… Qu'attendez-vous pour venir me chercher ?

Ils sont fous ! Cette histoire est une histoire de fous.

Comment ne peuvent-ils voir que je suis consciente ? Que je les entends ? Comment les alerter ? Il n'y a pas si longtemps, j'étais une femme, une mère, une grand-mère… Désormais, pour eux, je ne suis plus qu'un gisant d'église.

Ce n'est pas ça, le coma ! Ce n'est pas l'idée que je m'en faisais. Ce n'est pas cet état que je mettais derrière l'adjectif « comateux ». Je ne me sens pas du tout comateuse. J'ai au contraire l'impression d'être extrasensible.

Je suis toujours dans le noir, mais tous mes autres sens ne m'ont pas quittée.

Je ressens par exemple les pressions exercées sur mon corps quand on me manipule. Je sens parfois comme des morceaux de ferraille s'appuyer sous la plante de mes pieds et y laisser de curieuses traces. En réalité, le lit vibre pour éviter que des escarres se forment sur mon corps ; alors, insensiblement, je glisse, et mes pieds viennent buter contre les barreaux du lit.

Quant à l'ouïe, non seulement elle fonctionne, mais elle s'est développée : elle est beaucoup plus sensible qu'à l'ordinaire. Elle est devenue très fine, et je dirais même intelligente : elle sait analyser le moindre bruit. Comme celle d'un non-voyant, sans doute, si ce n'est que je souffre d'un handicap supplémentaire : je ne peux pas toucher. Je suis avide de sons. Tous m'intéressent et m'intriguent : ceux du lit, ceux des machines... Je le comprends désormais : cette présence haletante, en permanence à mes côtés, ce n'est pas, comme je l'ai cru, un être vivant, mais le respirateur artificiel. Une de ces machines qui assistent justement les personnes dans le coma.

Je suis surtout avide du bruit des gens, car ce sont eux qui pourront me sauver : le personnel, les médecins, ma famille, mes amis, mes collègues. Il faut que j'entende tout, pour comprendre ce qui se passe. Mes oreilles ont remplacé mes yeux.

J'entends Ray, même quand il ne dit rien. Je sais quand il est là. Je sais que c'est lui qui retient ses larmes. Il ne parle pas beaucoup. Que pourrait-il me dire ? On lui a peut-être dit que c'était inutile, puisque je n'entendais rien...

J'aime sentir des présences flotter autour de moi. Je souris intérieurement quand j'entends une voix d'infirmière dire, d'un ton de maîtresse d'école : «Il faut mettre la blouse!» ou «Seulement deux à la fois»… Cela signifie que j'ai de la visite. C'est fondamental. C'est un lien avec la vie, avec cette vie que je ne veux pas quitter, quoi qu'il m'en coûte. Peu importe qui vient, peu importe si ces visiteurs parlent ou prient ou sanglotent ou psalmodient comme à la messe. J'ai besoin de leurs voix, de leurs respirations. Je m'en nourris, elles sont mon oxygène.

Je sais reconnaître chacun de mes amis. Quand j'entends l'un d'eux pleurer doucement, je m'inquiète. Pour moi, bien sûr (ce que j'ai serait si grave?), mais aussi pour lui : c'est terrible de faire de la peine malgré soi. C'est ça qui me panique, surtout : la tristesse que je provoque malgré moi. Je n'ose imaginer dans quel état de désespoir se trouvent mes proches quand ils sortent de cette chambre et regagnent la maison. Si au moins ils savaient que je les attends, que je les entends, que je les soutiens de toute la force de mon impuissance. Comment les rassurer? Comment les empêcher de pleurer, de se lamenter, de s'angoisser? De faire le deuil, déjà, de ma présence.

Certains visiteurs ne font pas que me parler : ils me houspillent, ils m'exhortent. Comme mes amies Chantal et Ljubinka, comme ma belle-sœur Marie-Rose…

– Angèle, bouge un cil ! Tu as assez dormi mainte-nant, réveille-toi s'il te plaît ! Ce n'est pas ton genre, ça, de rester tout le temps couchée… Pense à nous ! À ton mari ! À ta fille, à tes petites-filles !

Mais je ne fais que ça, penser à vous ! Mes amies me secouent, et je me dis que je suis gâtée, au fond, car on ne m'abandonne pas. On vient me voir, alors que je n'ai rien à offrir en retour. On ne m'a pas encore oubliée. J'entends les « Seulement deux à la fois » et je m'imagine qu'il y a tout un bus qui attend patiemment son tour, qu'une file de personnes fait la queue pour venir jusqu'à moi, pour venir se recueillir sur mon corps, comme lors des grands enterre-ments… Et cette queue est si longue qu'elle s'étire jusque dans la rue ! Je me souviens des images vues à la télé lors de la mort de Jean-Paul II, à Rome : un long ruban de foule reliait la basilique Saint-Pierre aux bords du Tibre.

Je ne suis pas si loin de la vérité. D'un côté, beaucoup de mes amis, même s'ils ne l'avoue-ront jamais, me croient déjà morte. De l'autre, une véritable attente s'est formée au seuil de ma chambre.

Un service de réanimation, c'est l'antichambre de la mort. On ne franchit pas forcément la porte fatidique, mais on vit à côté. Souvent, dans les hôpitaux, les architectes installent ce service juste à côté de la morgue.

Régulièrement, des alarmes se déclenchent, suivies du pas de course des infirmières : c'est le signal que la vie est en train de déserter une chambre. En réanimation, les soignants s'adressent d'abord à des machines. Des écrans leur disent si la partie peut continuer ou si elle vient de se terminer ; alors, c'est comme si les mots « *Game over* » venaient de s'afficher…

Les passages sont bien plus réglementés que dans les autres services. Les visiteurs doivent obéir à des règles d'hygiène strictes pour éviter la transmission des germes. Avant d'entrer en réanimation, il faut patienter dans une salle qui sert de sas. Cette attente est souvent très longue. Des amis ont été oubliés là pendant deux heures… avant d'être invités à repartir sans même avoir pu passer par ma chambre. Et ceci sans raison apparente, sans aucune explication. C'est comme si l'on voulait décourager ces personnes de venir.

Même Ray, au début, est soumis à ce régime. Alors qu'il essaye, tant bien que mal, de poursuivre son activité professionnelle, il est contraint de perdre des après-midi là, à attendre sans comprendre pourquoi, mais il n'est pas du genre à se laisser faire. Vite, il repère une autre entrée, celle du personnel. Vite, il met les choses au point, il s'impose. Rien ne l'empêchera de me voir, surtout s'il n'y a pas de raison objective pour le lui interdire.

Il se débrouille pour me rendre visite deux fois par jour, en début et en fin d'après-midi. Il ne me parle pas beaucoup, je l'ai dit, et je ne lui en veux pas du tout : c'est difficile de parler à quelqu'un que l'on croit absent. Je me souviens de mon père, quand il a fait sa septicémie. Il avait soixante-dix-neuf ans. Quand j'allais le voir, j'étais incapable de lui dire quoi que ce soit. J'avoue même qu'il me faisait un peu peur... Il était immobile, et ça me rendait muette. C'est difficile de monologuer face à un corps inerte. Or, aujourd'hui, je sais qu'il est essentiel de parler même à ceux que l'on croit morts. Aujourd'hui, je sais qu'un malade est condamné si personne ne vient le voir.

Ray me prend la main. Il a sans doute la satisfaction de constater que mon corps est chaud. Il soulève un peu mon bras, puis le relâche délicatement. Il retombe sur le drap comme celui d'une poupée de chiffon. Mon corps n'est ni froid ni dur. Il en a vu, Ray, des cadavres, quand il était dans la police. Il sait bien que je n'en suis pas un. Pas encore, malgré ce que certains, ici, commencent déjà à penser.

On n'existe que dans le regard des autres. Sans ceux de Ray et de Cathy, je le crains, je serais déjà morte.

6

Les crocs d'une bête inconnue

— TU AS DÉJÀ FAIT CE TRAVAIL ?
   – Non, jamais…
   Ce sont des infirmières ou des préposées.
Elles vont s'occuper de moi. De quoi parlent-elles ? Que vont-elles faire ?

Après quelques secondes, pendant lesquelles je les entends parler de « Betadine verte, deux tiers, un tiers », je sens que l'on me manipule. Mon nez me chatouille, puis me fait mal : on entreprend d'y enfoncer quelque chose. En même temps, on m'introduit autre chose dans la bouche.

À présent, c'est comme si, d'un côté, on m'enfournait une main entière au fond de la gorge et comme si, de l'autre, des torrents d'eau me dévalaient par les narines ! Comme si je me noyais d'un côté et étais déchirée intérieurement de l'autre par les griffes et les crocs d'une bête inconnue.

La douleur est insupportable. Irréelle, indescriptible. Et elle est décuplée par mon impuissance : non seulement je ne peux pas me débattre, mais je ne peux pas même l'exprimer. Je meurs de souffrance et j'ai la discrétion suprême de n'en rien laisser paraître. Pas un cri, pas une grimace, pas même un frémissement.

Je suffoque. Que font-elles ? Pourquoi ne m'anesthésient-elles pas ? Mon âme hurle, et ce cri silencieux est le plus désespéré qui soit. L'engin fourré dans ma bouche effectue des mouvements de va-et-vient ; il me racle le fond de la langue. J'ai l'impression que l'on me sort les tripes. Comme je voudrais vomir, pleurer, gémir, hurler, taper… Comme je voudrais être un crocodile et mordre l'assaillant, l'assommer d'un coup de queue !

Mais je reste toujours aussi tranquille, impassible, apparemment consentante, aussi inerte que le tronc sur lequel la tronçonneuse s'acharne. Tant que l'arbre ne crie pas, le bûcheron scie…

Pourtant, j'explose. C'est trop de douleur, de mal, d'injustice.

Pourquoi cette torture ? Pourquoi cette violence ?

Je sais désormais ce qu'ont vécu les victimes des inquisiteurs, celles à qui l'on arrachait des morceaux de peau ou de membres contre quelques confidences.

Elles, au moins, pouvaient hurler d'abord, parler ensuite. Moi, je suis prête à tout avouer ! Les fautes les plus affreuses, tous les crimes que je n'ai pas commis. Arrêtez, je dirai tout ce que vous voulez entendre ! Laissez-moi vous dire : je suis venue ici simplement pour un mal de tête, et on m'arrache les muqueuses...

Je ne peux que me concentrer sur la douleur, incessamment renouvelée, interminable, insupportable. J'apprendrai plus tard ce qu'elles me font : elles me nettoient les sinus ; l'une verse le produit dans le nez, l'autre le récupère au fond de la gorge pour que je ne l'avale pas ; elle actionne pour cela une sorte de petit aspirateur.

– Tu vois ? reprend une femme. Elle a une sinusite maxillaire bilatérale et une mastoïdite gauche d'allure chronique...

– Une quoi ?

– C'est une petite infection. Il faudra faire ce soin trois fois par jour.

Ai-je bien entendu ? Je défaille. Mon Dieu, ce n'est pas possible. Elles ne vont pas revenir ! Pas aussi souvent, je ne le supporterai pas. Je ne supporterai pas une seule deuxième fois. C'est impossible. Je pleure. Des larmes virtuelles emplissent mon corps immobile. Mon Dieu, sortez-moi de là ! Dans quel enfer suis-je tombée ? Notre Père, qui êtes aux cieux, que votre règne vienne, que votre volonté soit faite...

Je prie comme je n'ai plus prié depuis mon enfance, depuis qu'avec mes frères et sœurs nous accompagnions papa et maman à la messe du dimanche et que je prenais les habits de la petite fille modèle, recueillie dans l'amour paisible du Petit Jésus, dans la douceur des bons sentiments.

Cette fois, je prie de façon très différente : je prie avec violence, avec hargne… Et ces paroles ne m'ont jamais semblé aussi concrètes : « Mon Dieu, délivrez-moi du mal ! » Vous le savez, mon Dieu, que j'ai toujours aimé la vie, que je l'ai toujours célébrée, que je l'ai toujours méritée. Mais si mes tortionnaires persistent, si elles recommencent la même chose, ne serait-ce qu'une seule fois, s'il vous plaît, mon Dieu, épargnez-moi cette douleur. Je croyais être dure au mal, mais quand elles viennent, je ne suis plus qu'un cri, d'autant plus atroce qu'il est muet. Certaines souffrances sont trop fortes pour les vivants. La mort est forcément plus douce…

Je sais aussi, désormais, ce que vivent les bêtes traquées : je suis à l'affût du moindre indice. Le bruit ordinaire des allées et venues, des discussions banales entre soignants, des machines. Le bruit de fond de mes angoisses, de plus en plus assourdissant. Le doux murmure des visites : la présence silencieuse de Ray, les pleurs retenus de ma famille, les paroles emplies d'amour de mes amis comme

Chantal et Dédé… Au moins, quand ils sont là, on ne me torture pas. Le niveau d'angoisse retombe. Je voudrais que l'on défile dans ma chambre toute la journée !

J'essaye de me persuader que tout s'arrangera. Ce que je vis ne peut pas exister, car c'est contre l'ordre des choses : l'hôpital n'est pas, il ne peut pas être un lieu où l'on torture des innocents.

Mais les visites s'arrêtent et mes tortionnaires reviennent. Elles me manipulent exactement de la même façon. Et la première scène est si bien gravée dans mon esprit qu'avant même que l'aspirateur me racle la gorge, qu'avant même que la Betadine m'inonde le nez, la douleur est déjà là. Intense. Immonde.

À la fin de cette séance, une femme répète à plusieurs reprises :

– Pardon madame, pardon…

Dois-je accepter cette demande de pardon ? Je ne vois plus du tout clair dans mes sentiments. J'ignore si cette marque d'humanité inattendue, presque incongrue, m'apporte un confort minuscule ou m'accable encore plus. Faut-il s'en réjouir ou s'en offusquer ? Est-ce que l'on suppose que je peux effectivement ressentir cette douleur ? Dans ce cas, ce serait encore plus terrible.

– Deux à la fois !

Ouf, j'ai de la visite.

Ces amis-ci sont du genre silencieux. J'aimerais qu'ils n'arrêtent pas de parler : qu'ils me racontent leur vie, ce qui fait l'actualité des journaux et de la télé. J'aimerais savoir ce qui se passe à l'extérieur des murs de mon corps, les petites et les grandes nouvelles, n'importe quoi… La politique, les ragots, la météo, les résultats sportifs… Tout m'intéresse ! J'aimerais tant penser à autre chose. Je ne leur en veux pourtant pas de se taire, je suis tellement heureuse de leur présence. Tant qu'ils sont là, au moins, je suis tranquille.

7

Comme à Guantánamo

VOTRE FEMME AIME LA MUSIQUE?
— – Ah oui! Elle adore ça. Pourquoi me
demandez-vous ça?

C'est Ray qui a répondu.

La femme poursuit :

– On peut lui en mettre dans sa chambre, si vous
voulez. Ça peut lui stimuler le cerveau, la ramener
à la conscience, vous comprenez? Ça ne coûte rien
d'essayer... En tout cas, ça ne peut pas faire de mal.

Ray accepte. Il l'ignore, évidemment, mais je le
remercie. Non, la musique ne me ramènera pas à la
conscience, puisque c'est déjà fait, mais au moins
elle me divertira. Faute de lire ou de regarder la télé,
j'écouterai des chansons. Elles me permettront peut-
être de penser à autre chose.

C'est vrai que la musique est importante dans ma vie. Elle va bien avec mon caractère, plutôt joyeux et positif. Elle m'aide à voir la vie du bon côté, dans ma salle de bains, à 4 h du matin, avant de partir au travail. Et je l'aime aussi beaucoup pour danser, avec Ray, le week-end…

Je ne sais pas si ce sont des cassettes, des CD ou une radio, mais très vite, effectivement, des chansons me tiennent compagnie.

C'est de la variété. Aznavour, Souchon, Cabrel… Je révise mes classiques. Il y a les titres que je connais, ceux que je découvre. Je me prends à chanter… Et à danser !

Mais ce récital ne s'arrête plus.

Cette musique n'a pas de note finale. Ces voix, ces instruments m'obsèdent. Et très vite, je me mets à les détester. Depuis que je suis dans le noir, je ne sais plus vraiment distinguer la nuit du jour ; jusqu'à présent, je disposais de longues plages de tranquillité qui devaient correspondre à la nuit, et pendant lesquelles, j'imagine, mon esprit s'endormait, ou en tout cas se reposait. Désormais, il n'y a plus de silence. Jamais. À la variété succède le classique, au classique le rock, au rock la variété.

Parfois, quand même, la musique s'arrête enfin. Dans ce cas, il ne faut jamais bien longtemps avant qu'une infirmière s'inquiète :

– Pourquoi on a éteint ? C'est triste ici !

Et la rengaine reprend. Cette musique me rendra folle ! Si jamais j'en réchappe, je ne suis plus sûre d'avoir toute ma raison... Ceci me rappelle un reportage vu à la télé ou lu dans les journaux : la musique diffusée en continu serait un des supplices imposés aux prisonniers de Guantánamo. Encore cette idée de torture, infligée pour un crime que j'ignore, dans un lieu censé me soigner...

Voici des femmes. Un soin des sinus ? Mon Dieu, aidez-moi ! Ne me touchez pas ! Non, heureusement, elles me laissent tranquille. Elles restent à distance. Elles discutent, et cette conversation n'a en réalité absolument rien à voir avec la vie de l'hôpital.

– Oh, mon mec, ce week-end, qu'est-ce qu'il était pénible !

– Qu'est-ce qu'il t'a encore fait ?

– Ils ont perdu au foot... Ça le met dans un état... Alors, il passe ses nerfs sur moi.

– C'est pas vrai ! Et tu te laisses faire ?

– Non, bien sûr. Alors, on s'engueule. Et le dimanche, on se retrouve au repas de midi chez les beaux-parents... J'te raconte pas l'ambiance ! Tu parles d'un jour de repos... J'étais presque contente de venir ici, ce matin...

Je visualise les scènes à mesure qu'elles les racontent. Au fond, ça remplace avantageusement les séries télé... Régulièrement, ainsi, des femmes viennent discuter près de mon lit. C'est sans doute un endroit où elles se sentent tranquilles. Elles sont moins dérangées ici qu'en salle de repos. Ma chambre devient un lieu de confidences, où elles peuvent tout se dire sans prendre le risque d'être entendues.

Qui pourrait surprendre leurs petits secrets ?

Je ne compte plus, moi. Pour elles, je ne suis qu'un meuble.

8

Je vais bientôt crever

D'UN CÔTÉ, CE QU'ELLE DIT ME SOULAGE. De l'autre, ça me terrorise. Mais ça me terrorise quand même plus que ça ne me soulage…
Les femmes sont revenues pour l'épreuve des sinus. L'une dit à l'autre :

– On ne lui fera plus qu'un soin par jour. Franchement, ça ne sert à rien de s'embêter : elle va bientôt crever. C'est le grand chef qui l'a dit…

Je me remets à crier, de ce cri terrible que je suis la seule à entendre. Je vais bien, je vous dis, je vais bien ! C'est insensé ! Comment peut-on affirmer des choses pareilles ? Je ne peux pas mourir maintenant ! Sauf… Sauf, évidemment, si l'on décide de me tuer. Je vais bien, mais on fait tout pour que j'aille mal ! Les seules douleurs que je ressens sont celles que l'on m'inflige. Et elles ont de quoi m'achever, oui. Si l'on continue à me torturer ainsi, alors oui, peut-être, je vais finir par lâcher prise. Mais soignez-moi enfin, s'il vous plaît, ou en tout cas laissez-moi tranquille ! Écoutez mes appels muets, brisez les murs de mon corps et alors vous verrez que je n'ai rien. Examinez-moi, scannez-moi, avec les machines les plus perfectionnées qui soient : vous verrez bien que je suis là. Les seules plaies que j'aurais à vous montrer se concentrent sur une seule partie de mon être : elles ne blessent que mon âme.

Elles sont reparties, enfin. Jusqu'à demain…

Ils ont raison : ce n'est plus vivre, ça. La musique, les soins, les visites, les discussions intimes, mes angoisses, mes pensées folles embarquées dans un grand huit qui ne sait plus s'arrêter…

Et un jour, soudain, car la coupe de la souffrance n'est visiblement jamais pleine, venue de nulle part, une surprise atroce : une violente douleur à un sein.

Comme si on me l'arrachait.

Je lâche un nouveau cri dans le vide.

Un nouveau cri désespérément inutile.

Quelle est cette nouvelle torture ? Pourquoi ?

Je la subis une seconde fois, quelques heures ou quelques jours plus tard. Une mutilation à vif. Est-ce que je saigne ?

Cette fois, il y a au moins deux personnes dans ma chambre.

Juste avant cette agression, j'entends un homme dire :

— Vous savez comment on peut s'assurer qu'une personne est vivante ou morte ? Vous prenez un sein, comme ça, et vous le pincez en tirant d'un coup violent...

Le déchirement.

Après quoi, l'homme poursuit, de son ton professoral :

— Vous avez vu ? Aucune réaction. Absolument aucune ! Pas un frémissement sur la peau, pas la moindre modification des traits du visage. Rien du tout. Alors que je vous garantis que cette douleur-là, on ne peut pas y rester insensible. C'est une vieille recette, c'est vrai, mais c'est le genre de vieilles recettes qu'il est toujours bon de connaître.

Je ne saisis pas ce que répond le collègue de cet éminent spécialiste, mais je regrette que ce spécialiste des vieilles recettes n'entende pas ma réponse...

Désormais, les choses sont claires. J'ai encore gravi quelques échelons dans l'horreur. J'avais compris que l'on me croyait inconsciente ; je comprends désormais que l'on me croit morte.

Je repense à ces romans dans lesquels, à mesure que les pages se tournent, le héros se retrouve dans une situation de plus en plus difficile. La souricière se referme progressivement jusqu'au moment où, apparemment, il n'y a plus d'issue… Il est pris, cette fois, il n'y a plus d'espoir. Il va mourir. Le méchant exulte. L'inéluctable va arriver… Le lecteur s'interroge, mais, au fond de lui, il sait bien que cette fin n'est pas possible. Il sait bien qu'il y aura un stratagème, un *deus ex machina* sorti de nulle part pour extirper son champion du néant. Et au chapitre suivant, effectivement, le lecteur a la satisfaction de voir que le héros est toujours là, bien vivant : comme prévu, l'impensable s'est produit…

Un tel *happy end* est-il possible dans mon cas ?

Je peux d'autant plus en douter que, malgré ses apparences de moins en moins ordinaires, mon histoire n'est pas une fiction. Elle est bien réelle, et je n'ai rien d'une héroïne. Quant à l'auteur de cet épisode angoissant de ma vie, s'il existe, tout là-haut, j'attends encore qu'il se manifeste…

Je m'imagine enfermée dans un cercueil. Pas dans mon corps, comme actuellement, plus dans un arbre, comme je l'imagine régulièrement, mais bien, cette fois, dans un vrai cube de bois. Entre ces quatre planches qui sont notre dernier chez-nous.

J'ai demandé à être incinérée, Ray le sait bien. Je me dis que j'ai eu raison : au moins, grâce à ça, je n'essayerai pas de gratter le couvercle, quand je serai dans la tombe… Je raconte n'importe quoi ! Je suis incapable du moindre geste. Et je n'aurai pas à vivre ce cauchemar, puisque avant de m'incinérer, il faudra bien me débrancher. Et si l'on me débranche, je mourrai, forcément, parce que je ne suis plus capable d'autre chose que de penser. Et encore, mes pensées sont de plus en plus confuses...

Voici une autre pensée qui, elle, aurait plutôt tendance à me réconforter : avant de me débrancher, les médecins devront avertir ma famille, forcément. Je suis persuadée que ni Ray, mon mari, ni Cathy, ma fille, ne pourront accepter cette éventualité. Jamais. C'est inconcevable. En tout cas, pas aussi rapidement. Au bout de quelques années, éventuellement, s'il paraît acquis que je ne serai plus jamais autre chose qu'un corps inerte, ils pourraient se laisser fléchir, pourquoi pas... Mais maintenant, non, c'est impossible. Pas si tôt, pas après m'avoir quittée seulement depuis quelques jours. Je les connais bien, ils sont ma chair. Ils ne se laisseront jamais convaincre de m'abandonner.

Me voici quelque peu rassérénée. Pas pour longtemps. Déjà une autre pensée m'angoisse... De même que j'ai averti Ray de mon souhait d'être incinérée, je lui ai fait part de ma volonté d'être donneuse d'organes. L'idée paraît si belle : voler à la mort pour donner à la vie. Or, si l'on me croit morte, pourquoi ne profiterait-on pas que mon corps soit encore chaud pour y prélever un rein ou un cœur ? Sans anesthésie, évidemment... Je me souviens que le prélèvement d'organes se fait essentiellement sur des personnes en situation de mort cérébrale, celles dont le cerveau est considéré comme hors service. Qu'en pensent-ils, ces savants, de mon cerveau ? Pour eux, je ne suis plus consciente, évidemment, puisqu'ils ont acquis la certitude que je ne réagis plus aux douleurs, même les plus extrêmes. Pour eux, mon cerveau ne fonctionne plus, puisque je suis morte…

J'épie le moindre mouvement du personnel de santé. Quand je n'ai pas la certitude que les gens qui approchent sont des amis ou de la famille, je suis saisie d'une crainte. Je redoute la lame du bistouri sur ma peau. Mon cœur s'affole…

J'aimerais me replier en moi-même, mais je reste désespérément raide, immobile. Offerte à mon destin.

9

«À notre chère maman»

RAY ET CATHY SE SONT ÉLOIGNÉS DE MON LIT. Je ne les entends plus, je ne les sens plus, mais je sais qu'ils ne sont pas loin : leurs voix me parviennent encore, faiblement, par intermittence. Ils sont dans un coin de la chambre, ou dans le couloir. Ils discutent avec un médecin. Ils quêtent un peu de réconfort, un peu d'espoir. Ils vont recevoir tout le contraire.

Ce que je vais raconter désormais, je ne l'ai pas entendu depuis les barreaux de mon corps. Heureusement ! Cette douleur aurait été la dernière. Le coup de grâce. Le coup de ciseau tranchant le dernier fil qui m'empêchait de tomber.

Nous sommes vendredi, en fin de journée. Quatre jours seulement après mon arrivée à l'hôpital. Ray et Cathy discutent avec un médecin réanimateur, celui qui m'a fait le «test du sein». Comme à son habitude, le docteur est entouré d'une petite cour. Pour lui, désormais, les choses sont claires. Déjà.

Mon mari et ma fille sont suspendus à ses lèvres.

Et celles-ci lâchent, froidement :

– Il faut songer à débrancher.

Les infirmières accusent le coup. Elles pâlissent, elles ont l'air désemparées. Ray et Cathy, eux, ont le sentiment que leurs veines viennent de se vider de leur sang.

Ray réussit à prononcer :

– Pardon ?

– Il n'y a plus d'espoir. Plus rien ne fonctionne, à part le cœur.

Personne ne réagit. Personne ne s'interroge. Personne ne s'étonne : comment être aussi catégorique si rapidement ? Pourquoi un jugement définitif alors que rien n'a encore été fait, ni tenté ? Pourquoi ne pas donner à l'espoir le temps de prospérer ? De se fortifier ? L'espoir, c'est une petite flamme de bougie menacée par le vent ; il faut la protéger délicatement, au creux de ses mains, la veiller comme un trésor. Là, c'est comme si l'on soufflait dessus un grand coup pour ne plus gérer l'incertitude ! Comme s'il fallait gérer soit un brasier, soit un tas de cendres froides, mais ne surtout pas s'encombrer d'une veilleuse. Au diable les complications, au diable les «peut-être»! C'est si simple lorsqu'on a décidé comment les choses devaient être.

Mon mari et ma fille sont abasourdis.

Parfois, la charge émotionnelle est telle que toute réflexion est anesthésiée. Le médecin, celui qui sait, s'est prononcé, donc c'est vrai, donc c'est ainsi. Il n'y a ni à douter ni à renâcler. C'est aussi peu discutable qu'un ordre royal, qu'un commandement divin. La sentence s'impose, il n'y a qu'à la subir.

Le réanimateur fait montre d'un peu d'humanité, enfin. Il prend Ray à part et l'entretient sur un ton de confidence. Il lui donne un conseil, comme à un ami dont on redoute le chagrin :

— Vous savez, vous devriez faire les démarches maintenant... C'est plus facile avant qu'après.

— Les démarches? Vous voulez dire... pour les obsèques?

Le docteur acquiesce avec une moue qui se veut compréhensive. Puis il se retire, suivi de sa cour silencieuse.

Ray et Cathy osent à peine jeter un dernier regard à mon corps statufié avant de disposer. Ils suivent les couloirs, descendent les escaliers de façon mécanique. Ils ne parlent plus. Que pourraient-ils se dire? Leurs capacités de réflexion sont endormies.

Ils sortent de l'hôpital, remontent les rues, longent les quais de Strasbourg. Dehors, la vie est belle. Les citadins se mêlent aux touristes pour s'attarder aux terrasses des cafés. Des bateaux passent sur l'Ill, emplis de photographes heureux, à l'affût des colombages, des géraniums rouges sur un fond de ciel bleu. Mon mari et ma fille traversent le centre-ville à pied, sans s'en rendre compte, imperméables à ce bonheur d'été. Ils arrivent dans notre appartement de Schiltigheim, quatre kilomètres plus loin. Ils ont complètement oublié qu'ils sont venus à l'hôpital en voiture, et que la Renault est toujours garée là-bas.

Le lendemain, samedi matin, Ray s'arme d'un terrible courage.

– Je dois le faire maintenant. Je ne peux pas laisser ça à Cathy.

Il se dirige dans la rue principale de notre ville. Là, les enseignes de pompes funèbres se succèdent. Jusqu'à ce jour, on ne se rendait pas compte qu'il y en avait autant. Il avance prudemment.

Il regarde la vitrine de la première. «À notre chère maman», sur un morceau de marbre, avec la gravure d'un oiseau…

Ses yeux s'emplissent de larmes.

– Ce n'est pas possible!

Courage… Il va pousser la porte, mais il voit qu'une femme attend à l'intérieur. Il se ravise. Il renonce, il repart.

Il continue à remonter la rue.

Il arrive devant une autre enseigne.

Cette fois, il pousse la porte d'un coup. Sans réfléchir.

L'accueil est feutré, bienveillant. Très professionnel. Ces gens ont l'habitude. Ray se laisse guider. On lui conseille un modèle adapté à l'incinération. Il opte pour un « cercueil de chêne bois clair, capitonné soie blanche ». Il choisit la couleur des roses. Il ressort dans la rue hébété, avec dans les mains un papier dont il ne sait que faire. Il ne le rentre pas dans l'appartement. Il « l'oublie » dans le coffre de la voiture.

Je le retrouverai, bien plus tard, ce document. Je tiendrai à le lire, absolument. Qui d'autre peut se vanter de savoir ce que son mari a choisi pour ses obsèques ? J'essayerai d'en rigoler.

Je lui dirai :

– C'est bien, mon chéri, tu as très bien fait !

Ray n'aura pas le cœur à plaisanter :

– C'est la chose la plus difficile que j'aie jamais eu à faire ! De toute ma vie. J'espère du fond du cœur que tu n'auras jamais à faire la même démarche pour moi.

Et puis, après avoir un peu hésité, on décidera de le jeter à la poubelle, ce bail tout confort pour mon repos éternel… Il y a des souvenirs trop encombrants pour les garder chez soi. Même au fond d'un tiroir, même dans le coffre d'une voiture.

Au fil du week-end, les chocs de l'annonce et de la visite aux pompes funèbres s'atténuent. L'effet d'anesthésie se dissipe. Ray et Cathy récupèrent du coup de poing moral reçu à l'hôpital. Insensiblement, la révolte succède à l'abattement. Ils passent des coups de fil, ils disent et redisent, de proche en proche, les émotions horribles de ces dernières heures. Ils racontent tout, n'épargnent aucun détail. Tout le monde est consterné, mais tout le monde n'est pas abattu. Beaucoup s'indignent, s'étonnent, s'interrogent.

Cathy discute avec la marraine de sa fille Mélanie, qui est médecin et fille de médecin.

Et l'évidence se fait jour :

– Ce n'est pas possible, conclut Ray, ça ne marche pas comme ça ! Ce n'est pas à un seul médecin, fût-il réanimateur, de prendre une décision pareille ! On ne débranche pas quelqu'un aussi facilement ! Pas aussi rapidement !

Cette terrible sentence ne se prend pas, bien évidemment, à la légère : elle est encadrée par la loi, elle doit être collégiale, en accord avec les médecins et la famille, s'appuyer sur un protocole d'examens précis…

Le lundi, c'est un Ray de nouveau combatif qui pousse la porte du sas du service de réanimation. Quand il rencontre le médecin, leur discussion n'a plus du tout la même teneur que le vendredi. Il n'est plus dans la position de l'élève face au docteur tout-puissant. C'est lui qui commande, désormais :

– Nous n'accepterons jamais que l'on débranche Angèle ! Jamais, vous entendez ? Et vous, c'est simple, je ne veux même plus que vous la touchiez !

L'homme de science n'argumente pas. Il s'efface. Comme s'il était d'accord, au fond...

À mes côtés, ce jour-là, Ray est à la fois tranquillisé et remobilisé. Profondément déterminé. Je ne m'en doute pas, quand je sens sa main presser la mienne, quand j'entends sa voix grave oser quelques mots doux, mais mon destin vient une nouvelle fois de basculer. Je suis sauvée, puisque mes amours ont refusé de m'abandonner.

10

Derrière le rideau

JE SUIS DEVANT UNE GRANDE TABLE en zinc, étroite et longue. Entourée de bassines, de crocs, d'éviers. Je suis dans un monde de carrelage rougi, une odeur fade et écœurante. Des carcasses pendent au plafond. Pas de doute : je me trouve dans une boucherie. Je porte un tablier taché de sang. Un hachoir dans la main droite, je donne de grands coups réguliers sur les morceaux de viande qui défilent devant moi. Une côte, et tchac ! Une autre côte, elle aussi coupée en deux ! Et un cartilage ! Et des pieds, des petits pieds ! De mignons pieds de bébé soudain ensanglantés... Je crie ! À moins que ce ne soit l'enfant que je découpe qui se mette à hurler...

Où suis-je ?

Dans le rien, toujours. La boucherie infernale a

disparu. Je suis dans ce grand noir, dans le monde virtuel de mes pensées et, désormais, visiblement, de ma folie.

Mon cœur bat à tout rompre. Une sueur froide me glace le cerveau. Que s'est-il passé ? L'image des pieds d'enfant passant sous le hachoir colle à mon esprit comme une vieille toile d'araignée. Qu'est-ce que cette horreur ? Un cauchemar. Je fais des cauche-mars, selon toute vraisemblance, ce qui signifie que je dors. Mais je préférerais ne plus dormir, m'épuiser à raisonner, continuer à m'inquiéter, plutôt que de repartir dans des délires aussi atroces…

Me revient en mémoire la question d'une femme, une infirmière ou une préposée. Je suis peut-être toujours en train de délirer, mais je crois bien l'avoir entendue demander à un médecin :

– On lui donne du Pentothal aujourd'hui ?

Pentothal, je connais ce nom. Pour moi, ça évoque une drogue. Peut-être que l'on me donne des drogues, ou des produits équivalents, pour stimuler mon esprit. Un peu comme des artistes ont pu prendre du LSD pour attiser leur créativité. Je me demande aussi si ce n'est pas ce Pentothal qui sert à fabriquer le fameux sérum de vérité… Mais quelle vérité pourrait se nicher dans un cauchemar aussi atroce ?

Je traîne l'impression diffuse d'être un peu coupable. C'est comme un goût désagréable qui croupit en bouche. C'est curieux comme on se sent toujours, bêtement, responsable de ses mauvais rêves. Ils nous salissent malgré nous. C'est sans doute une preuve que le désarroi est profond, car je repense à ma mère, en ce moment. Elle est décédée il y a quatre ans seulement. Elle avait quatre-vingt-quinze ans et avait réussi à rester chez elle quasiment jusqu'à la fin. Elle est morte de vieillesse, paisiblement, même si les médecins lui ont trouvé quelque chose à un sein lors de sa première échographie, à quatre-vingt-dix ans... Ses joues si fines sont restées roses jusqu'au bout. Que penserait-elle, ma mère, de sa petite Angèle, devenue possédée au point de découper des pieds d'enfant avec un hachoir de boucher?

Maman, tu es là? Si les vivants ne peuvent pas m'entendre, peut-être les morts, eux, en sont-ils capables... Maman chérie, prends soin de ta petite fille. Elle n'est pas devenue un monstre, elle est juste perdue. Et là, ta petite Angèle, ta petite dernière, elle a un énorme besoin de toi. De ton immense amour, de ton indéfectible bienveillance, de ta protection rassurante. Comme quand elle était bébé. Qu'elle était une enfant perdue dans le noir. C'est ça : je suis redevenue une petite fille seule dans sa chambre, la nuit, livrée à ses angoisses. Et dépendante des bras de ses parents.

Tu ne peux pas me laisser comme ça! Tu dois faire quelque chose. Il faut bien que quelqu'un fasse quelque chose pour que tout ceci cesse, pour que ce long cauchemar prenne fin. Je suis sûre que tu me vois, de là où tu es. Toi qui étais si croyante, toi qui nous emmenais à la messe chaque dimanche. Toi qui croyais si fortement aux anges gardiens... J'y crois aussi, désormais : je crois à présent que c'est toi, mon ange gardien. Je suis certaine que tu peux m'aider. Je ne suis pas le genre à courir les tombes, c'est vrai. Je pense que les fleurs, il vaut mieux les donner aux vivants. Pourquoi recouvrir les morts sous les bouquets ? Ils sont déjà ensevelis sous la terre. Il est sans doute plus utile de leur parler ; les morts préfèrent sans doute des pensées quotidiennes à des chrysanthèmes annuels.

Maman, je pense si fortement à toi que tu ne peux pas ne pas m'entendre ! Toi qui as vécu presque centenaire, tu ne supporterais pas que la plus jeune de tes cinq enfants parte en premier. Tu ne peux pas me laisser, et tu ne me laisseras pas. Et puisque tu me vois, maman, puisque tu es là, avec moi, que tu me soutiens, je ne peux pas abandonner, moi non plus. Si je ne me retiens pas, je vais tomber. Je me raccroche à toi : je ne sais pas si tu as toujours l'apparence d'une vieille dame, là-haut, là où tu es aujourd'hui, mais je ne doute pas que tes bras sont aussi solides qu'avant quand il s'agit d'y abriter mes peurs d'enfant.

Je repense aussi au mont Sainte-Odile. Là-haut, il n'y a pas que la source miraculeuse ; il y a aussi la source Lucie, un peu plus bas. On la trouve en se dirigeant vers l'ancienne abbaye de Niedermunster. Elle est cachée dans la forêt, ignorée des touristes. L'eau coule dans un réceptacle creusé dans la pierre, et verdi par la mousse. Elle fuit ensuite par des rigoles sculptées dans le grès. Il est d'usage que les pèlerins enlèvent, avec des bâtons, les feuilles qui emplissent la cuvette, obstruent les passages. On le faisait de façon quasi rituelle, quand on se promenait là-haut. L'endroit est si calme, l'eau est si fraîche, pour ne pas dire froide. Je suis persuadée que si l'on m'y plongeait, maintenant, mes yeux s'ouvriraient, mes doigts se remettraient à bouger...

J'ânonne le « Notre Père ». La religion retrouve toujours du crédit dans les moments critiques. Mais je ne suis pas sectaire : je me surprends à prier tous les dieux ! Aussi celui des juifs, et celui des musulmans, qui doit être le même au fond... Sans oublier Bouddha, pourquoi pas ? Sait-on jamais... Peu importe leur nom, du moment qu'ils me retiennent à la vie, qu'ils ne me rappellent pas à eux, surtout ! Pas encore. Jamais je ne quitterais Ray, ni Cathy, ni Célia, ni Mélanie. Mes deux petites-filles ont encore besoin d'une mamie. Je me dois de résister pour eux, et pour maman, papa, mes frères, ma sœur, toute ma famille, tous mes amis... Je ne suis pas encore dégoûtée de cette vie, malgré ce qu'elle a d'absurde et de terrible depuis quelque temps. Je m'étonne moi-même : ce corps immobile contient encore une sacrée énergie.

Les dieux m'entendent. Ils ne me rappellent pas à eux : je n'ai pas aperçu ce fameux tunnel dont on parle régulièrement dans les «expériences de mort imminente». Je ne suis pas encore dans ce vide attirant, pas encore au bord de ce trou dans lequel, paraît-il, on glisse volontiers, irrésistiblement aspiré par une lumière, un apaisement, une promesse de félicité. Je ne retrouve pas mes proches disparus, je ne vois personne m'attendre, dans une robe blanche vaporeuse, parée d'un doux sourire. Je ne dois pas être loin de ce monde sans douleurs, c'est sûr, je n'en ai jamais été aussi près, mais c'est un fait : je ne suis pas encore de l'autre côté. Même si les autres en doutent, je n'ai pas quitté ce monde terrestre, le seul que nous connaissons, cette vallée de larmes, mais aussi de bonheur, où m'attendent ceux que j'aime et que je veux retrouver.

Je ne vis pas non plus ces expériences de «décorporation», lorsqu'on quitte son enveloppe charnelle et qu'on s'observe, allongé, depuis le haut de la pièce.

Je ne vois que le noir immense et le technicolor de mes pensées.

Cathy m'exhorte :

– Réveille-toi, maman! On a besoin de toi… Tes petites-filles ont besoin de toi. Elles t'attendent pour aller escalader les sommets des Alpes.

Je suis là, ma fille, ne t'en fais pas. Je suis bien là, juste derrière le rideau. Et je me démène comme je peux pour le faire bouger.

11

Vacarme électronique

MON FRÈRE PAUL EST À MES CÔTÉS. Je l'ai reconnu. Je suis si habituée au noir que j'ai l'impression de voir ceux qui me rendent visite. Il me semble que c'est la première fois que Paul vient me voir à l'hôpital. Je suis heureuse de le sentir près de moi. C'est important, une fratrie. Cinq frères et sœurs, c'est une tribu. Et une tribu, c'est utile quand il s'agit de se défendre. Je ne perçois pas très bien la conversation, mais j'entends le mot «cercueil». Aussitôt, mon état d'esprit change : la vague sensation de plaisir n'a pas duré. De nouveau, c'est comme si un linge glacé enveloppait mon âme. Mais comment leur dire, bon sang! Comment leur faire comprendre…

Paul me parle désormais.

Sa voix est mal assurée. Comme s'il était sur le point de pleurer :

– Angèle, ma petite sœur, tu ne partirais quand même pas sans me dire au revoir ? Tu ne nous ferais pas ça ? Tu ne partirais pas comme ça, sans rien nous dire…

Je complète sa phrase : « Sans un mot, sans un sourire… » Des mots, je n'arrête pas d'en dire, des sourires, je n'arrête pas d'en faire ! Mais pas maintenant : là, je grimace de chagrin. Je grelotte, j'ai des hoquets de douleur. Il réussit à faire pleurer mon corps de pierre, mon frère…

Et voici que je l'entends appeler dans les couloirs :

– S'il vous plaît, venez ! Vite ! Il y a un problème !

Les machines se mettent à sonner.

Le moniteur d'électrocardiographie, celui qui mesure l'activité électrique du cœur, s'affole. Et Paul aussi.

Ceux qui entrent dans la chambre sont beaucoup plus tranquilles.

– Ne vous inquiétez pas…

– Qu'est-ce qui se passe ? Il y a un problème ? Elle n'est pas en train de mourir ?

On ne lui répond pas. Il oublie que pour eux je suis déjà morte… Pour eux, je ne suis qu'un corps artificiellement branché. Ce n'est que de la mécanique, tout ça.

Les machines finissent par se calmer. Sans doute Paul, comme tous mes proches, reste dans un profond état de perplexité : faut-il se réjouir quand les machines ronronnent ou bien quand elles s'alarment ? Au fond, si je suis en train de mourir, c'est que je suis encore vivante !

Je voudrais tant lui répondre. Ce n'était pas la manifestation de la mort, ce vacarme électronique, c'était tout son contraire : la manifestation de la vie. De ma vie.

Sans le savoir, Paul m'a appris une grande nouvelle : je suis capable de faire sortir des émotions de ma carcasse immobile. Je réussis à hurler par machines interposées.

Ainsi, régulièrement, de façon incontrôlée, mon cœur s'affole, et ce n'est pas qu'un sentiment, car on bouge alors autour de moi, et j'entends parler de tachycardie.

Ainsi, ils vont peut-être comprendre que si mon corps réagit, c'est parce que mon esprit est vivant. Que si mon cœur s'affole, c'est parce qu'il est confronté au supplice. Peut-être, mais ce n'est pas sûr. Pas sûr du tout. Pour eux, ce n'est sans doute qu'un phénomène mécanique. À leurs yeux, moi aussi, je suis une machine. Une machine qui a logiquement des ratés, puisqu'elle est en fin de parcours. Cette grande nouvelle que m'a apportée Paul est aussitôt pondérée par ce constat amer : j'ai appris à hurler, mais personne ne m'entend.

12

La voyante

ENCORE UN CAUCHEMAR. J'ai extrêmement chaud et je passe de main en main : je suis une poupée que tout le monde désire, que tout le monde veut attraper, toucher… Une soignante me prend, m'emporte, me cache dans un recoin. Une autre arrive et lui chipe son trésor, elle part se cacher à son tour, avec moi sous le bras… Ce n'est pas sexuel, non, mais je suis un objet de convoitise très forte. Un jouet que se disputent des enfants dans la cour de récréation. Ou un os sur lequel s'acharne une meute de chiens. On me désire tellement qu'on m'écrase, qu'on m'abîme. Qu'on va finir sans doute par me casser. Me broyer.

Le problème, surtout, c'est qu'on me cache ainsi à ceux à qui j'appartiens vraiment : ma famille. Ray n'est pas loin : je l'entends, il m'appelle, il me cherche… Je m'affole : mais, mince, il va bien finir par me trouver ! Ils vont bien me lâcher, tous ces autres, ils vont bien me laisser tranquille. Si Ray ne me trouve pas, ils vont me briser, c'est sûr. S'il disparaît, je suis perdue.

– Tout va bien, ma chérie, tout va bien…

Ray est là, bien là. Je ne rêve plus, je me réveille dans cette nuit infinie, au cœur de ce long cauchemar qu'est devenue ma vie. Depuis combien de temps suis-je ainsi enfermée ? Combien de jours ? Il me tient la main, il me parle. Il est moins silencieux qu'au début. Il s'oblige à ce dialogue sans retour. C'est bien. Je m'apaise. J'entends aussi la voix claire de Cathy. Ils sont ensemble, mes amours. Ils m'ont retrouvée. Ils ont jeté un œil derrière le rideau. Ils ont compris que je n'étais pas partie, eux au moins. Ils me protègent. Ce sont mes gardiens. Tant qu'ils me gardent, on n'osera pas me jeter.

– Maman, maman, nous sommes là !

Moi aussi, ma petite fille, je suis là, tu le sais. Tu sais sans doute que je pleure intérieurement, mais maintenant, ces larmes invisibles sont plus douces que d'autres.

Ils sont repartis. Ils essayent de vivre une vie hors de l'hôpital, mais je me doute bien qu'ils ne vivront pas « normalement », eux non plus, tant que ma situation ne sera pas éclaircie. Je ne veux pas penser à leur détresse : cette idée est la plus dure à supporter. Je me concentre sur les bruits, ils colorent ma solitude. Le respirateur. Le rythme des pas. Cette musique infernale, trop souvent branchée. Les mots ordinaires de soignants au travail.

J'ai de la chance : deux femmes choisissent de nouveau ma chambre comme lieu de confidences.

– La dernière de Julie !

– Qu'est-ce qu'elle t'a fait ?

– Elle a passé deux jours chez son amie Clémence, à la campagne. Avec les parents, soi-disant... Hier soir, je récupère son sac, pour les affaires sales. Et qu'est-ce que je trouve dans une poche ? Des préservatifs !

– Aïe ! Et quel âge elle a déjà, ta Julie ?

– Seize ans ! C'est un peu jeune, non ? Je peux te dire, ça a chauffé ! Son père était hors de lui. Et moi, je n'étais pas bien non plus. Moi aussi, je suis un peu jeune... pour être mamie ! Franchement...

Elles rigolent. Le meuble que je suis sourit. Je repense à ma Cathy. Ma sage Cathy. Elle ne m'a pas fait de coups pendables, elle, quand elle était ado. Elle ne nous a pas fait de crise. Aucune grosse bêtise. Ou alors bien secrètes ! Il y a sans doute eu quelques cachotteries, mais c'est naturel. Souhaitable même. Tout le monde en fait. C'est dans l'ordre des choses.

J'en ai bien fait, moi ! Oh, rien de bien grave.

À l'époque, nous étions désespérément sages…

Je repense à cette fois où j'ai été élue Miss Kochersberg. Je n'avais pas encore dix-huit ans, contrairement à ce qui avait été marqué le lendemain dans le journal local, dans cette légende de photo où j'apparais avec mon écharpe et mon bouquet, l'air ingénue, un peu surprise d'être là… J'avais les cheveux longs à l'époque. J'avais défilé avec une pancarte portant le numéro huit. J'étais encore mineure, mais j'avais triché sur mon âge. Ça devait être en 1968 ou 1969. Nous étions au bal, avec mes frères. Au haut-parleur, ils ont réclamé des candidates. Les autres m'ont poussée : « Vas-y, tu auras au moins un lot de consolation ! Une boisson gratuite… » En fait, j'ai reçu plein de cadeaux.

Mon oncle Charles, le frère de mon père, était heureux : il m'a félicitée. Pas mes parents… Aujourd'hui, je les soupçonne d'avoir été fiers, malgré tout, quand, le matin, les voisins leur ont dit qu'ils avaient vu leur fille dans le journal.

Il y a aussi eu l'épisode de la voyante. C'est drôle que ça me revienne maintenant : je l'avais complètement oubliée, cette histoire. Puisque je n'ai que ça à faire, je remets de l'ordre dans mes souvenirs : je fouille les tiroirs de ma mémoire, j'en ressors de vieux documents, je souffle sur la couche de poussière…

C'était plus vieux que l'élection de la reine de beauté : je devais avoir dans les seize ans. J'avais suivi trois ou quatre copines. Je ne sais plus laquelle d'entre nous avait eu cette idée farfelue, mais ce n'était pas moi ! Nous étions parties en Solex. La voyante recevait à Hoenheim, dans la banlieue nord de Strasbourg. J'avais sur moi une photo de Ray. Déjà ! Je le connaissais sans le connaître, c'était le copain de copines. On s'échangeait des mots, c'est vrai, mais sans plus…

La voyante a regardé la photo. Elle n'a pas dit explicitement que je me marierais avec lui, mais, avec le recul, je dois reconnaître qu'elle a visé juste : elle a prédit que j'épouserais « un homme en uniforme ». Et il l'a bien porté, cet uniforme, Ray, bien plus tard, au début de sa carrière de policier. À l'époque, lui-même ne s'en doutait pas. Je ne lui ai jamais raconté ça, à mon mari. Il sera surpris quand je le lui dirai. Si j'arrive à lui reparler un jour. Si je sors de cette prison…

Ensuite, la voyante a pris ma main dans la sienne. Elle m'a dit que j'avais un don ! Mais elle ne m'a pas dit lequel, et je n'ai pas osé le lui demander… Il serait temps que je le découvre ! Puis, elle a inspecté l'une de mes paumes. Elle a déclaré que j'avais une bonne ligne d'argent, mais elle a tiqué en voyant la ligne de vie…

Elle a lancé :

– Profitez bien de la vie avant la retraite !

Ça m'a glacée.

– Pourquoi ! ? Vous voulez dire que je vais mourir jeune ?

Elle n'a pas répondu. Elle s'est absorbée de nouveau dans la contemplation de ma paume, elle a suivi une ligne du doigt et, après un silence qui m'a paru extrêmement long, elle a eu l'air de se raviser :

– Je vois une crevasse… Ce n'est qu'un passage. La ligne continue.

Je l'ai regardée avec une petite moue. J'ai pensé qu'elle essayait de se rattraper. C'est un peu facile : elle annonce le pire, je m'affole, et après elle assure que tout ira bien !

Je ne savais que penser. Devais-je la croire ? M'inquiéter ? J'ai opté pour la solution de facilité : oublier tout ça dès que possible, ne pas m'y attarder, ranger d'ores et déjà cette bêtise de jeune fille au fond de ma mémoire. Cacher cette escapade non seulement à mes parents, mais aussi à moi-même.

Et voici que cette anecdote resurgit, un peu plus de quarante ans plus tard. Voici qu'elle prend un sens nouveau. Je ne considère plus cette voyante avec dédain, mais avec une âme avide, un regard suppliant, un cœur reconnaissant. Je la regarde avec gratitude, et je comprends : oui, je suis dans une crevasse, c'est exactement ça, je suis dans ce fameux passage. Et si c'est un passage, c'est qu'il y a un après, une autre rive. Ce n'est donc pas la

fin. Je vais rejoindre le bord. Je vais m'en sortir.
Ce n'est pas un hasard si les mots de la voyante me
reviennent en mémoire aujourd'hui. C'est un signe.
Dans ma situation, le moindre signe d'espoir est bon
à prendre. Mais celui-ci est essentiel, je le sens. Il me
remplit d'une certitude nouvelle, il me redonne de la
vigueur, il m'injecte une forte dose d'optimisme, et
celle-ci me rend un peu ivre : ma vie n'est pas finie,
messieurs les médecins, je vous l'annonce ! Ma vie
sera longue. Et elle ne dépendra pas uniquement des
machines.

13

La larme

— C'EST L'ANNIVERSAIRE DE MARIAGE ! Qu'est-ce qu'ils racontent ? Aujourd'hui ? Mince alors ! Je suis à l'hôpital depuis aussi longtemps !

Réfléchissons… Je suis arrivée aux urgences le 13 au soir. Nous serions donc aujourd'hui le 24 ou le 25 juillet. Il y a deux dates, car Ray et moi nous sommes mariés le 24 à la mairie et le 25 à l'église. C'était une belle cérémonie… Après la messe à Gambshcim, dans mon village du nord de Strasbourg, le repas de fête avait été servi dans la commune voisine, Kilstett, à quelques mètres du Rhin. C'était en 1970, il y a trente-neuf ans. J'étais une gamine : j'avais tout juste dix-huit ans. Mais c'était une bonne décision ! Une décision que je n'ai jamais regrettée, bien au contraire.

Que pense Ray aujourd'hui ? Quel est son état d'esprit ? Comment vit-il ? C'est le plus triste de tous nos anniversaires.

Comme j'aimerais l'embrasser ! Ou simplement lui sourire. Simplement le faire sourire…

Où serons-nous pour nos quarante ans de mariage ? Y aura-t-il seulement une quarantième édition ? Une fête à la mesure de cet amour, de ce couple que nous avons si solidement construit ?

Je pleure de nouveau, dans ma prison intérieure. Si seulement je pouvais leur dire ! Je sanglote une fois de plus, alors que je devrais me réjouir.

Cathy me parle très tendrement.

– Ne t'en fais pas ma petite maman, je prends soin de papa, tout va bien…

Mon cœur est submergé par une vague d'émotion. Un mélange d'amour, de tristesse et de peur. Je ne suis que larmes au-dedans.

Elle poursuit :

– Tu ne dois pas nous quitter… Tu sais, je ne te l'ai pas encore dit, mais j'aimerais avoir un troisième enfant… Et cet enfant, tu dois absolument le connaître ! Et lui, il doit absolument connaître sa mamie.

Mon mari, ma fille, mes petits-enfants… Ma vie. Cette vie si intime, dont on me prive si curieusement… J'ai l'impression de suffoquer.

– Maman ?

Je sens Cathy se lever soudainement.

– Papa !

– Oui ?

– Papa, regarde !

– Qu'y a-t-il ?

Ils sont proches de moi comme jamais. Je perçois leur souffle, leur agitation.

– Mais regarde donc ! Maman pleure !

– Qu'est-ce que tu racontes ?

– La larme, là !… J'ai déjà eu cette impression qu'elle pleurait quand je lui parlais… Mais là, il n'y a pas de doute : regarde, c'est bien une larme qui coule, non ?

C'est au tour de Ray de se lever.

– Je vais chercher quelqu'un !

– Maman, maman…

La voix de ma fille semble hésiter entre la détresse et le bonheur. Ainsi, parfois, les rires ressemblent aux pleurs, et les pleurs aux rires.

Un brouhaha. Du monde entre dans la pièce.

Cathy parle avec fougue :

– Maman a réagi ! Elle a pleuré ! Une larme vient de couler, sur sa joue !

Un silence.

Puis la sentence :

– C'est le gel.

– Pardon ?

– Ce doit être le gel. Vous savez, le gel, sur les

paupières… Il ne faut pas se réjouir trop vite.

Mais si, Cathy veut se réjouir ! Maintenant, tout de suite ! Les bonnes nouvelles sont si rares, on ne peut pas les snober.

– Je sais qu'on lui met du gel ! Mais c'était bien une larme !

La personne est repartie. Depuis ma nuit noire, je crois l'avoir vue hausser les épaules…

L'excitation de Cathy n'a pas cessé. Et avec moi, au moins, cette excitation est contagieuse. Je me sens vibrer. Je suis tout à son écoute. Elle me parle avec une ferveur, une conviction nouvelles.

– Maman, tu m'entends ? Est-ce que tu m'entends ? Si tu m'entends, dis-le-moi. Montre-le-moi ! Pleure ! Bouge quelque chose !

J'ai perçu comme une grande surprise, suivie d'une phrase un peu hébétée, qui a provoqué un séisme dans tous les cœurs présents à ce moment-là :

– Elle a bougé un doigt !

Cette fois, c'est Ray qui a parlé.

– C'était très léger, mais elle a bougé le doigt ! Tu as vu ?

– Tu es sûr ?

– Angèle, ma chérie, c'est formidable ! Tu as bougé !

Alors, c'est comme si une lueur perçait enfin cette immense nuit… Comme si le carcan qui me tenait complètement immobile depuis un peu plus de dix jours commençait à se fissurer.

J'ai tellement voulu que mon bras réussisse à s'écarter de mon corps pour les alerter, les accrocher, leur signifier ma présence ! J'ai tellement voulu que les larmes qui m'inondent intérieurement jaillissent à l'extérieur ! J'ai tellement essayé, tellement désiré, tellement prié... C'est comme si la prison de mon corps s'était entrouverte enfin sous les coups de boutoir de mon esprit.

Je reviens vers mes amours. Je suis de retour dans la vraie vie.

Je pleure de joie.

C'est le plus beau de tous nos anniversaires de mariage !

14

L'alarme

QU'EST-ELLE DEVENUE, cette larme précieuse ?
J'aurais aimé pouvoir la garder toujours, la
conserver dans une boîte, comme un bijou,
et pouvoir l'admirer de temps en temps.

Le bonheur de Cathy m'irradie. Enfin !

Enfin, mes proches ont la certitude que je suis bien
là !

Enfin, les médecins vont comprendre !

Enfin, mon état s'améliore, la paralysie perd du
terrain.

Enfin, les cauchemars vont battre en retraite : je
n'aurai plus à me demander si je ne vais pas être la
spectatrice impuissante de ma mise en bière ou du
prélèvement à vif de l'un de mes organes. La situation
ne peut que s'améliorer. Le soulagement est immense,

pour ne pas dire violent… Même si, au fond, il me semble que j'ai toujours eu l'intime conviction que j'allais m'en sortir. Ce n'était pas possible que cette anomalie perdure. Ce que je vivais était tellement incroyable ! Aussi fou, aussi irréel qu'un rêve. Et un rêve s'achève toujours par un réveil.

L'émotion est si forte que je me sens bourdonnante. Je me fais l'effet d'être une grosse abeille ! Ce bourdonnement ne me quitte plus, il ne s'apaise pas avec le temps, ne disparaît pas à la fin des visites. C'est curieux : hier, depuis ma prison intérieure, j'entendais parfaitement et aujourd'hui, je subis de terribles acouphènes. C'est comme si deux cocottes-minute sifflaient en permanence de chaque côté de mon crâne. Un « pschhhhhh » infini, infernal, abrutissant.

On m'extirpe de la nuit : mes yeux sont libérés. La lumière ne fait pas que m'inonder, elle est si forte qu'elle m'agresse. Je vois très mal. Mes yeux ne sont plus synchrones, ils ne regardent pas dans la même direction. Je souffre d'un sacré strabisme. Tout est flou, double, brouillé… Mais c'est un bonheur intense de revoir Ray et Cathy, même flous, doubles et brouillés. Leurs sourires, je les discerne parfaitement. En haute définition ! Et je suis sûre de sourire à mon tour, alors que mon visage reste entièrement figé.

Pour que je ne voie plus double, on décide de me boucher un œil. Un jour le droit, le lendemain, le gauche. On me rend borgne : d'abord avec un simple coton démaquillant scotché sur la peau, puis avec une sorte de pansement. À chaque réveil, mes paupières ont beaucoup de mal à se lever. Mes cils sont comme englués. Il m'en faut du temps, pour sortir du brouillard…

On me branche la télé, mais c'est inutile : je ne peux rien distinguer, rien comprendre. Qu'on laisse les images, à la rigueur, mais surtout que l'on coupe le son ! Les cocottes-minute m'empêchent de suivre toute conversation.

Il faut vraiment s'approcher de moi, me parler fort et distinctement pour que je saisisse quelques mots. Les conciliabules des médecins, là, au pied de mon lit, me sont totalement impénétrables. Que disent-ils ? Comment expliquent-ils mon cas ? Se remettent-ils en question ? Me parlent-ils ? Sollicitent-ils mon témoignage ? Ce ne sont que des ombres colorées qui s'agitent en vrombissant. Ray me sert d'interprète. Ce qu'il me rapporte de leurs discussions ne m'apprend pas grand-chose. Leur jargon n'est qu'un artifice masquant leur ignorance.

J'ai pleuré, j'ai bougé le petit doigt, j'ai ouvert les yeux… Ce sont des avancées formidables. Mais la vérité est qu'à ces exceptions fondamentales près, je reste paralysée.

Je suis comme cassée. Mon corps ne connaît plus d'évidences. Il ne possède plus aucun de ces automatismes qui nous font fonctionner. Quand Jésus a ressuscité Lazare, j'imagine que ce dernier a pu et su, tout de suite, se lever, marcher, féliciter et embrasser son sauveur, parler à ses amis, partager avec eux un repas afin de fêter cet événement extraordinaire.

Moi, je ne sais plus rien faire de tout cela.

Mon corps est une épave. Il en faudra du travail, de la volonté et de l'acharnement pour reconstruire l'engin performant qu'il était il y a peu de temps...

Avec les possibilités d'investigation très limitées qui sont désormais les miennes (des yeux et des oreilles réveillés, mais brouillés), j'essaye d'analyser ma situation. Je suis prise dans une toile d'araignée de fils et de tuyaux. Me viennent à l'esprit des questions très pratiques. Comment est-ce que je me nourris ? Je ne vois jamais revenir l'heure des repas. Comment vais-je aux toilettes ? On ne me met pas des couches, quand même ? Peut-être... Je suis incapable de dire ce qui se trouve sous moi. Régulièrement, toutes les quatre ou cinq heures, le jour comme la nuit, on me met sur un côté pendant quelques minutes. On me masse le dos avec du lait corporel, et c'est comme si les infirmières brossaient une planche de bois. Mais ça ne me fait pas mal... Pourquoi des soins aussi fréquents ? Suis-je aussi sale ? Tout contre mon oreille, Ray m'explique que c'est une précaution nécessaire, pour prévenir les escarres. Quant à la nourriture, j'imagine qu'elle me parvient par une de ces sondes qui me retiennent ici. Moi qui aimais tant la joie d'un bon repas ! Une bonne viande, un bon verre de vin et le plaisir du partage. Quelle est cette bouillie invisible que l'on me perfuse aujourd'hui ?

C'est drôle : avant la larme, quand j'étais dans leur «coma», même si je souffrais de l'angoisse et des traitements que l'on m'infligeait, je ne me préoccupais pas du tout de ces contingences bassement matérielles. J'étais un pur esprit.

Aujourd'hui, j'ai réintégré ma chair. J'avais oublié à quel point un corps peut être pesant.

15

L'abécédaire du tendre

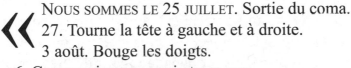 NOUS SOMMES LE 25 JUILLET. Sortie du coma.
27. Tourne la tête à gauche et à droite.
3 août. Bouge les doigts.
6. Communique par oui et par non.
14. Assise dans un fauteuil, sortie avec le lève-malade.
17. Bouge les mains, fauteuil deux heures.
18. Bouge les poignets.
21. Bouge les doigts et les pieds, un peu.
23. Angèle très très fatiguée.
25. Voit double.
26. Angèle veut écrire un livre sur sa maladie.
28. Dans le fauteuil tous les jours, deux fois deux heures.
1er septembre. Angèle debout sur la planche avec le kiné.

2. Respiration assistée réduite.

28. Ne parle toujours pas… »

C'est un cahier d'écolier vert petit format. Ray y note chacun de mes progrès.

Autant de victoires. Autant d'épreuves. Autant de peurs. Autant de pleurs.

Le temps s'écoule, et les questions se bousculent.

Heureusement, être dans la survie, le combat, offre un grand avantage : on vit dans l'instant. Pas même au jour le jour, mais seconde après seconde. Ainsi, on ne pense pas au futur. Chaque chose en son temps : quand on lutte pour respirer, on ne se préoccupe pas de marcher.

Pourtant, l'angoisse n'est jamais loin, même si elle n'est pas formulée. Sa présence est familière. Je la rencontre souvent dans le regard de mes amis. Malgré eux, quelles que soient les bonnes intentions dont ils se drapent en pénétrant dans cette chambre, leur visage est le miroir fidèle de ma situation.

Mon optimisme naturel se met alors à vaciller : mon état serait si grave ? D'accord, la mort s'est éloignée, mais quelle vie laisse-t-elle derrière elle ? Combien de fardeaux vais-je pouvoir supporter ? Quel fardeau vais-je devenir pour les miens ?

L'angoisse s'est invitée dans cette chambre sans ma permission, mais je la traite froidement. Je développe une obsession : sortir d'ici dans la forme qui était la mienne en arrivant. Non seulement quitter cet hôpital, mais rentrer dans mon appartement dans l'état dans lequel je l'ai quitté : sans fils, ni machines, ni fauteuil roulant. Revenir dans la peau d'une femme tranquille et heureuse, active et volontaire. Peu importe le temps que cela prendra. Mon obsession est follement simple : redevenir celle que j'étais il y a un ou deux mois. Il y a une éternité…

Je suis dans un état de complète vulnérabilité. Peut-on vraiment comprendre ce que c'est que de rester immobile, des heures durant, à ne pouvoir se gratter, la tête calée pour éviter qu'elle ne tombe ? Couchée comme une larve. Totalement démunie.

La communication est vitale. Elle permet de briser l'isolement dans lequel la souffrance voudrait nous enfermer. Maintenant que je peux bouger un doigt et cligner un œil, Ray, Cathy et moi nous lançons dans l'apprentissage d'un nouveau langage. Notre langage à nous.

– A, B, C, D…

Assis à côté de mon lit, Ray récite l'alphabet, lentement, avec sa voix grave et sensible, toujours calme et posée. Sa voix qui me fait tant de bien. Sa voix qui est à la fois un repère, un rempart et un apaisement. Sa voix qui, je le réalise à présent, fait partie de ma vie. Fait partie de moi…

C'est une curieuse litanie, qui nous replonge dans des souvenirs d'école primaire.

Les lettres résonnent en rythme régulier, avec une certaine solennité. Ça me fait penser aux cloches de la cathédrale… Ou à une berceuse. Sauf que je ne dois surtout pas m'endormir.

– H, I, J…

Attention, je ne dois pas me louper, c'est pour bientôt…

– K, L, M… L?

Oui, mon chéri, c'est ça! Il a gagné le droit de recommencer.

– A, B, C, D…

Cette fois, mon auriculaire doit l'interrompre à I.

– J? Lj ? Ce n'est pas possible… On a dû se tromper. On recommence…

Ainsi, souvent, il y a des ratés : le doigt se lève trop tôt ou trop tard, de façon impromptue, et Ray s'arrête sur la mauvaise lettre. Je me sens alors trembler intérieurement, malgré moi. Je m'en veux quand je suis comme ça… C'est un de mes défauts : je suis impatiente. Il le voit bien, malgré mon apparente impassibilité, que je commence à m'énerver, que se développe en moi cette peur panique de ne pas me faire comprendre. Il sait bien que je bous intérieurement quand je le vois réfléchir pour trouver des mots impossibles… Mais il est assez malin pour vite se rendre compte qu'il fait fausse route.

Et lui, au moins, il ne s'énerve jamais.

– Ce n'est pas grave. Calme-toi, ma chérie, tout va bien, on a le temps.

Ça, du temps, j'en ai, oui… Je n'ai plus que ça ! Ça ne me dérange pas, bien au contraire, que l'on passe des heures à se réciter l'alphabet. Ça m'occupe et, surtout, c'est de l'échange. Cette communication le retient près de moi. Plus il passe du temps à mes côtés, mieux je me porte. Mais comment fait-il pour concilier son travail et mes visites ? Il doit bien avoir des chantiers à superviser… Nous sommes au mois d'août, c'est encore calme. Mais comment se débrouillera-t-il à la rentrée, quand l'activité repartira de plus belle ? Quand le téléphone se remettra à sonner ? Je ne lui en voudrais pas de ne plus venir deux fois par jour. Même si je n'attends que ça…

Il ralentit sa diction en approchant du J.

– G, H, I… I, c'est ça ? Li ?

On avance ! Ne me reste plus qu'à lui faire deviner le V, le R et le E.

Il s'étonne :

– Livre ? Un livre ? On a cherché, ma chérie, mais ça n'existe pas ! Il n'existe pas de livre sur ta maladie. Nulle part. Même sur Internet, on trouve très peu d'informations…

Non, mon amour, ce que je veux, c'est autre chose…

À force de patience partagée, nous finissons par nous comprendre. Et le soir, dans le cahier vert, Ray note : « Angèle veut écrire un livre sur sa maladie. »

Il ne s'agira pas de rédiger quelques notes, voire de faire paraître un article dans le journal, mais bien de publier un ouvrage. Un vrai, qui sortira en librairie.

Une idée folle? Peut-être. Utopique? Sans doute. Déplacée? On peut estimer que, dans mon état, je devrais avoir des préoccupations plus immédiates, essentielles, que la rédaction future du livre de ce que je suis en train de vivre. Mais ça ne se commande pas : c'est un projet que j'avais un besoin impérieux de communiquer à mon mari et à ma fille. Comme une prémonition.

Je suis soulagée.

D'un côté, c'est une façon d'encourager Ray à poursuivre le journal de ma descente aux enfers et, je l'espère, ou plutôt j'en ai l'intime conviction, de ma remontée au paradis de la vie normale. De l'autre, c'est une façon de me forcer à tout noter, moi aussi, dans le cahier virtuel que j'ai ouvert dans un coin de mon cerveau.

Je dois me souvenir de tout. En serai-je capable? Il le faut. J'ai peur, surtout, de ne plus vouloir me souvenir. Je dois lutter contre la tentation de l'oubli. C'est trop fort ce qui m'arrive! Si incroyable, si peu normal. Cette histoire devra être consignée quelque part. Elle sort tant de l'ordinaire que l'on pourra douter de sa réalité si elle n'est pas imprimée noir sur blanc. Qui me croira plus tard? Moi-même, avec le temps, j'en arriverai peut-être à me demander si les choses se sont bien déroulées ainsi…

Tout ce que je viens de vivre doit être non seulement écrit, mais aussi diffusé et connu, tout comme ce que je m'apprête à vivre, dans les mois ou les années qui viennent, car je n'en ai pas fini avec l'invraisemblable, j'en suis persuadée…

«Livre» : c'est un beau mot.

En les épelant, avec Ray, je redécouvre ces noms si «communs» qu'on ne les remarque plus. Les mots familiers prennent un nouveau relief. «Livre» pourrait être de la même famille que «livrer» et «délivrer». Je réalise à quel point les mots «livre» et «libre» se ressemblent. Leurs sens se rapprochent autant que leurs sons.

C'est tout à fait ça : j'ai besoin d'un livre pour me délivrer.

La pratique de ce langage «au doigt et à l'œil» nous rend chaque jour plus efficaces. Avec cette gymnastique, j'apprends à coordonner mes mouvements, tandis que Ray et Cathy apprennent à cerner mes attentes. Mes deux amours gagnent souvent du temps en me proposant d'emblée un mot entier. Je m'arrête ainsi sur la lettre T, et Ray demande aussitôt :

– Tête?

Le doigt acquiesce. On s'est mis d'accord : un seul mouvement signifie «oui», deux mouvements signifient « non ». Ce code marche aussi pour les battements de paupière, mais on utilise surtout le doigt. L'auriculaire gauche, pour être précis. C'est celui qui a bougé au moment de la larme. Allez savoir pourquoi, le côté gauche semble se rétablir plus rapidement que le droit. Je suis droitière, mais ça n'a sans doute aucun rapport…

« Tête », ce n'est pas grand-chose : il suffit de la soulever et de tourner le coussin. Ça procure un soulagement terrible, mais provisoire… Je ne l'avais pas réalisé jusqu'à présent, mais l'immobilisme est la position la plus inconfortable qui soit ! Depuis que je me suis réveillée dans cet hôpital, je ne suis qu'un objet. Un objet qui pense et souffre. Une marionnette qui, comme Pinocchio, fait le rêve de pouvoir s'animer.

Comme celle d'un Pinocchio qui n'a ni bonne fée ni marionnettiste, ma tête ne tient pas toute seule. Si on l'oublie quand on me redresse, elle tombe lourdement, en avant ou sur le côté. C'est idiot, mais les premières fois que l'on m'a soulevée, j'en ai profité pour essayer de repérer mes bras… Je sais bien que j'ai au moins une main, puisque mon doigt « parle », mais j'avais quand même la sourde crainte d'avoir perdu mes membres. Je me demandais si je n'étais plus qu'un tronc. Il y a ainsi des évidences que l'on aime bien vérifier…

Nous passons des heures, avec Ray et Cathy, à «discuter» ainsi.

Nous avons tant besoin d'échanger. Nous sommes tellement heureux de nous «entendre» à nouveau. S'aimer, c'est se parler.

Avant qu'ils viennent me voir, je réfléchis à la façon de synthétiser dans le moins de mots possible, et dans les mots les plus courts possible, tout ce que j'ai à leur dire.

Quand il me quitte, Ray se fait mon messager auprès des soignants.

– Pensez à éteindre la télé : Angèle a vraiment du mal à la supporter…

Une infirmière s'étonne :

– Comment savez-vous ça ?

– Parce qu'elle vient de me le dire !

– Mais votre femme ne parle pas !

– Ça n'empêche pas de communiquer…

Si Ray et Cathy y parviennent, pourquoi les soignants ne le pourraient-ils pas ? C'est toujours pareil : c'est juste une question de temps, d'envie et d'amour. Je n'en veux absolument pas au personnel médical. Sur ces trois critères, personne ne peut égaler ma fille et mon mari.

16

Bickerquoi ?

BICKERSTAFF. BICK-ER-STAFF. On dirait un nom alsacien ! Je m'y suis habituée. Ray aussi. Il le fallait, pour répondre à la question que lui posent inévitablement tous ceux qu'il rencontre :

– C'est quoi, la maladie d'Angèle ?

– Le syndrome de Bickerstaff.

– De Bickerquoi ?

Il est important de nommer la maladie, même si, en réalité, on n'apprend pas grand-chose de plus que ce nom-là. Les spécialistes ont mis un peu de temps à établir un diagnostic. Tout au début, ils étaient dans un sacré brouillard. Pendant plusieurs jours, ils ont soupçonné une méningite. Puis, le champ des hypothèses s'est resserré sur trois syndromes affectant le système nerveux et appartenant à la même famille : ils ont parlé du Guillain-Barré (ça ne me disait rien, évidemment, ça m'inspirait juste un mauvais jeu de mots : j'étais mal barrée…), du Miller-Fischer et du Bickerstaff. C'est sur ce dernier « coupable » que les spécialistes se sont finalement accordés.

Ray et Cathy sont aussitôt allés se renseigner. Pour Bickerstaff, les informations sont rares, même sur Internet : « Maladie du système immunitaire du système nerveux central », explique le site Wikipédia, de façon assez laconique. En des mots encore plus techniques, et donc encore moins compréhensibles pour vous et moi, les spécialistes parlent de « polyneuropathie démyélinisante sévère sensitivo-motrice de Bickerstaff ».

Des trois maladies, le Bickerstaff serait la forme la plus sévère. Ce que je crois comprendre des explications que l'on me donne, c'est que le problème provient de la myéline. Cette substance blanche protège les fibres nerveuses, comme le plastique enrobe les fils électriques. Avec cette particularité supplémentaire : elle est indispensable à la transmission des informations. Or, cette myéline s'est dégradée et elle a notamment été atteinte au sein du tronc cérébral, qui est l'endroit stratégique de tout le système nerveux : là converge, si je puis dire, tout ce qui relie le cerveau au reste du corps. Le moindre faux contact à cet endroit, et les dégâts sont énormes. Toute la machine tombe en panne.

Et pourquoi cette dégradation ? Ce serait une réponse disproportionnée de mon système immunitaire : à la suite d'une infection pouvant être aussi banale qu'une rhinopharyngite, les grandes manœuvres défensives ont été déclenchées. L'emballement a été tel que la riposte a touché la myéline.

Pourquoi cette réponse suicidaire de mon corps envers lui-même ? Comment expliquer un aussi terri-fiant « dégât collatéral » ? Là, je n'ai pas la réponse… et je ne suis pas la seule.

Heureusement, les fibres nerveuses elles-mêmes n'ont pas été atteintes, contrairement à ce qui se passe dans le syndrome d'enfermement (*locked-in syndrom*). C'est une excellente nouvelle, car si les nerfs ne peuvent pas se régénérer naturellement, leur gaine, elle, en est capable. Cela signifie que mon mal est réversible : les troubles peuvent disparaître comme ils sont apparus.

Mais dans quelle mesure et en combien de temps ? Là encore, l'ignorance prime sur le savoir. On est dans l'incapacité de me dire quelles fonctions je vais pouvoir récupérer ou non, ni comment on pourrait accélérer le phénomène. Toute chirurgie est inutile : on ne peut pas ouvrir, remettre du plastique neuf sur les fils et refermer. Il n'y a qu'à attendre, qu'à espérer.

J'ai déjà fait énormément de progrès, il n'y a pas de raison que ceux-ci s'arrêtent en si bon chemin. Il n'y a qu'à se fier à la nature. Qu'à se répéter, encore et toujours, les mêmes mots d'ordre : avoir confiance, croire en l'avenir…

17

Jouer à la baballe

RAY A ACHETÉ DEUX BALLES en caoutchouc dans un magasin de sport, sur les conseils de Dennis, un kiné. Une petite, et une un peu plus grosse. Il m'en place une dans chaque paume.

– Tu les sens?

J'acquiesce du regard.

– C'est pour éviter que les mains ne s'endorment. De petits exercices de rééducation… Tu essaies d'abord de les presser. Et après, bien après, tu essayeras de les remonter sur les cuisses, tu vois? Comme ça…

Il fait rouler une balle sur le côté de ma jambe.

– Là, jusqu'en haut, et après, tu la redescends. En haut, en bas…

Compris? Compris. En haut, en bas. Simple, non? Non, impossible! Les sentir, ces balles, c'est déjà bien. Ça me rappelle que j'ai des mains, et qu'elles sont connectées au reste du corps, c'est toujours un soulagement que d'en prendre conscience. Mais quant à les manipuler... Les presser, déjà, est un sacré travail, mais les faire monter sur les cuisses... Mon bras pèse une tonne. Un corps inerte, c'est horriblement lourd! C'est comme une voiture : c'est si maniable, ça paraît si léger quand le moteur marche; et le jour où la mécanique nous lâche, ce ne sont plus que des tonnes de ferraille plantées dans la chaussée.

Une balle m'échappe. J'attends qu'une préposée le remarque et me la redonne. Je suis comme un chien, je joue avec ma baballe... Sauf que moi, je ne joue pas. Pas du tout. Je fais un effort surhumain pour la caler contre ma cuisse, et patiemment, millimètre par millimètre, lui faire gravir cet Everest qui culmine une dizaine de centimètres au-dessus du drap.

Au moins, c'est une occupation. Un défi qui correspond à mon caractère de sportive. Je repense aux «Dix kilomètres de Strasbourg», aux longues randonnées en montagne, quand ça n'en finit pas, que les muscles tirent, que le corps ne veut plus, mais qu'il faut accélérer quand même... Tout est dans la tête. Il ne faut pas s'arrêter à la souffrance. Il faut prendre son mal en patience, voilà tout. Continuer d'avancer, sur le même rythme si possible, et attendre que ça se passe. Au bout d'un moment, forcément, après un dernier virage apparaît soit la ligne d'arrivée, soit le refuge.

Et tandis que je lutte pour lever mon bras, ne pas relâcher la balle, je sens ce liquide visqueux dégouliner de ma bouche ouverte. De la salive, des glaires, que sais-je... Je ne sais plus déglutir. Glisse sur mon menton, puis pendouille de mon menton jusque sur ma poitrine un filet gluant qui m'ôte toute dignité, me donne l'impression de n'être qu'une bête. J'en bave, c'est le cas de le dire. Je peux inonder ainsi ma chemise de nuit pendant une ou plusieurs heures avant que quelqu'un ne le remarque, ne m'essuie, ne me redresse la tête. Mes proches sont sensibles à ça. Comme moi, j'imagine, ils trouvent ce spectacle dégradant. D'un geste rapide, les préposés me passent autour de la bouche une serviette en papier désagréablement rêche. Elles ont tant de choses importantes à surveiller. Des paramètres vitaux. Ça, au moins, ce n'est pas grave, c'est juste de la salive... Il faut bien qu'elle s'évacue. Et pourquoi se fatiguer? Ce qu'on essuie maintenant sera de nouveau à enlever dans quelques secondes...

Je me concentre, je serre les dents. Au bout de quelques jours, je les maîtrise de mieux en mieux, ces balles. C'est bien, je progresse. Mais à quel prix! Si j'avais pris l'habitude de fournir autant d'efforts quand je faisais du sport, j'aurais gagné toutes mes courses!

J'essaye aussi de déplacer mon bras pour aller toucher le premier barreau du lit, sur le côté. Il est à des kilomètres…

Le plus compliqué est de sortir les mains de dessous les couvertures. Arrive une femme énergique, qui s'exclame, de l'air de celle qui veut faire plaisir :

– Allez, on va border ce lit !

Et me voici enfermée dans un sac, avec juste la tête qui dépasse… Incroyable, comme une couverture peut être lourde ! Et même faire mal…

Par bonheur, Ray apparaît à ce moment-là.

Cette fois, je « parle » avec mon œil.

– A, B, C, D… D ?

D, oui, mon chéri. Puis R et A…

– Drap ?

Et mon mari me libère. Comme toujours.

18

Une machine

CALÉE DANS MON LIT DE RÉANIMATION, je me fais l'effet d'un assemblage technologique imaginé par des médecins-ingénieurs. Une construction high-tech dont on peut craindre un bogue intempestif. Les machines font partie de mon anatomie. Ce sont des organes externes.

J'ai eu le temps de compter, avec l'aide de Ray : pas moins de treize fils, sondes et tubes sont reliés à mon corps. Que se passerait-il si l'on débranchait une prise ? Si, par mégarde, un préposé à l'entretien arrachait un fil en passant le balai ? Survivrais-je à un plantage informatique ? À l'erreur d'un médecin, d'une préposée ?

Je ne réalisais pas mon bonheur, vraiment, quand je ne dépendais que de moi-même. Quand je n'avais qu'à faire une confiance aveugle à mes poumons, mon cœur, mes jambes et mon cerveau.

Il y a d'abord, et surtout, la trachéotomie, ce tuyau qui s'enfonce dans ma gorge, directement, grâce à un trou percé dans mon cou. Au début, j'étais intubée, le tube passait par ma bouche ; on m'a trachéotomisée peu avant mon réveil. Ce tuyau me permet de respirer, en étant relié à cette fameuse machine qui fut pour moi un compagnon « vivant » lors de mes premières heures de retour à la conscience. « La Rolls des respirateurs ! » a assuré un médecin. C'est psychologique, mais vu la gêne qu'il me procure, ce tuyau-ci me semble être d'une grosseur démesurée. En réalité, il ne mesure qu'un ou deux centimètres de diamètre, tout au plus, mais c'est comme s'il en faisait cinq fois plus. Et puis, ce tuyau est tenu par des liens qui m'enserrent le cou. J'ai peut-être la peau particulièrement fragile, mais tout ceci me tire, me grattouille… et me donne la désagréable impression d'être un chien attaché à une laisse.

Des tuyaux plus petits m'entrent dans le nez. Ils sont là pour faire l'appoint en oxygène, en fonction des données fournies notamment par une pince, l'oxymètre de pouls, qui m'enserre un doigt.

Il y a encore ce tube transparent planté au beau milieu de mon ventre : c'est ce qu'ils appellent la gastrostomie. Ce tuyau-ci envoie nourriture et médicaments directement dans l'estomac. Les deux concernent l'alimentation, mais il ne faut surtout pas confondre gastrostomie et gastronomie... Mes «repas» sont une substance brunâtre, une bouillie dont je ne perçois ni l'odeur ni le goût, «servie» à point à l'aide d'une seringue. Deux ou trois doses assurent mon lot quotidien de calories. Les cachets sont pilés avant d'être introduits dans ce tube, mêlés à de l'eau. Longtemps, je me suis demandé quel était ce bruit de matière écrasée que j'entendais régulière- ment dans mon dos...

Et je n'oublie ni la sonde urinaire, ni les perfusions qui piquent mes veines, ni les multiples pastilles autocollantes qui parsèment mon torse et disent tout de mon état et de mes émotions aux savants qui savent lire les signes qu'elles envoient.

Enfin «tout», c'est ce qu'ils croient... Car moi, Angèle, exposée ici comme un moteur entre les mains d'un garagiste, je me fais fort de garder ma part de secrets. Ils ne sauront jamais tout de moi. Ils n'auront toujours qu'une vue partielle, déformée, de qui je suis. Le plus important n'est visible qu'aux yeux de ceux que j'aime par-dessus tout : Ray, Cathy et mes deux petites-filles, que l'on n'ose pas encore faire entrer ici, dans ma «chambre»... À quoi bon? Elles ne verraient pas leur mamie, elles découvri- raient une machine.

À côté de mon lit, le plus souvent dans mon dos, un écran affiche en continu chiffres et courbes.

Régulièrement, des alarmes se déclenchent. C'est le cas lorsqu'une pochette de perfusion est vide. Je ne connais rien de plus stupide et désespérant que ce bip-bip lancinant qui ronge le cerveau…

Mais plus je grandis à la vie, plus je constate que ma chambre n'est pas, ou en tout cas n'est plus, le secteur le plus à risques du service. C'est chez les autres que ça a l'air vraiment sérieux… Les alarmes des chambres voisines apparaissent aussi sur mon écran. Je voudrais ne pas le savoir, mais je comprends tout de suite, à l'agitation, aux bruits, à la façon dont les infirmières me quittent brusquement, à la gravité qui nous enveloppe soudain, quand un de mes camarades d'infortune vient de lâcher prise.

19

Fauteuil de torture

« ASSISE DANS UN FAUTEUIL, sortie avec le soulève-malade. »

L'information notée par Ray dans le cahier vert à la date du 14 août peut sembler anodine, mais c'est un événement considérable. C'est simple, dit comme ça : moins de dix mots, deux petits segments de phrase. Mais quelle aventure ! Quelle expédition !

Jusqu'à ce jour, je n'avais pas quitté mon lit une seule seconde. On se contentait de me changer de position régulièrement : pour les soins, pendant quelques minutes, mais aussi sur des périodes un peu plus longues, pour éviter que je ne me momifie complètement.

Aujourd'hui, on franchit une étape digne du col du Tourmalet dans le Tour de France : je vais enfin sortir du lit. Pour l'occasion, l'infirmière doit faire appel à trois préposées et réquisitionner une machine : le soulève-malade. L'engin évoque un grand bras articulé, voire, tout simplement, une potence. Je pensais qu'on se contenterait de me porter, mais non : il faut recourir à un treuil comme pour un colis sur un quai de déchargement. Est-ce que j'aurais grossi ? Franchement, ce serait triste. Quitte à s'arrondir, autant que ce soit en s'offrant de bons gueuletons au restaurant, et non en étant perfusée en bouillie…

Non, évidemment, je ne suis pas en train de devenir obèse. J'ai plutôt maigri : en quelques jours, j'ai perdu dix kilos. Le problème, c'est que je ne suis qu'un poids mort. Un gros tas d'os.

Je les plains sincèrement, ces personnes qui me portent… et supportent. Il leur faut me pousser, me tourner, me soulever… On dispose des sangles sur le drap, des lanières en cuir qui me glacent le dos quand on me couche dessus, car je ne porte sur moi que cette éternelle chemisette d'hôpital ouverte sur l'arrière…

Il faut bien veiller à n'arracher aucun des fils qui m'analysent et m'aident à vivre : ni les capteurs pour le cœur, ni la sonde urinaire, que l'on pose sur mon ventre, ni les tuyaux de la trachéotomie et de la gastrostomie…

Quand tout est OK, et que le signal est donné, me voici enfin qui m'élève. Mettez un pantin dans un filet : ses genoux se replient sur sa poitrine, sa tête et ses bras pendouillent. Je suis ce pantin, et j'ai très peur. J'ai l'impression de trembler de froid, malgré moi mon cœur s'emballe...

Franchir ces quelques centimètres qui séparent le lit du fauteuil est une manœuvre épuisante et complexe. Trimbalée par ma grue, j'atterris enfin sur mon siège... siège en avant. Mes aides soufflent, s'essuient le front. Elles vérifient que les connexions n'ont pas été coupées : c'est bon, les machines réagissent toujours. On me cale la tête et les bras avec des oreillers. Et l'on m'adresse de grands sourires pour signifier que je ne peux qu'aller mieux, maintenant, que je ne peux que me réjouir.

Une femme me parle en ponctuant chaque mot, comme on le fait d'ordinaire face aux malades ou aux personnes âgées :

– On va vous laisser dans ce fauteuil un petit moment, pour vous réhabituer. Il le faut. C'est pour votre bien !

C'est sans doute vrai. Mes « manutentionnaires » sont déjà repartis. Ça signifie quoi, un petit moment ? Ne reste qu'à attendre, comme d'habitude. La priorité, d'abord, c'est de récupérer de mes émotions, de laisser mon cœur et mon esprit se calmer. À la télé, des personnages s'agitent en vain. Mes yeux s'arrêtent sur un flacon, posé sur une table. Je fais une fois de plus le constat que je ne sais que subir : comme un objet, je suis là où l'on me met…

Au début, la position n'est pas désagréable. Ainsi, on change de point de vue. On se sent plus dominateur, moins écrasé. Je ne suis pas fâchée de quitter la position couchée. En me redressant, je change de statut : je ne suis plus seulement une malade, je m'apprête à redevenir une femme.

Si l'on m'arrachait tous ces fils, si l'on m'habillait normalement, si l'on faisait abstraction du décor aseptisé de cette chambre d'hôpital, pourrais-je avoir de nouveau l'air « normale » ? L'air de celle que j'étais au début de l'été, quand je m'asseyais pour lire un magazine sur un des fauteuils du salon ? Non, je ne fais sans doute pas illusion… Et je ne me fais pas d'illusions. Ce n'est pas si simple. Le fauteuil ne fait pas le valide. Il faudra encore remplir des seaux de sueur et de larmes pour redevenir celle que j'étais.

Ils m'ont bichonnée, c'est vrai. Je suis totalement « encoussinée » : ma tête, mon buste, mes bras sont bien bloqués. Le problème, c'est que j'ai perdu le plus efficace des coussins : mes fesses. Le bon sens paysan l'affirme : le mauvais temps, c'est n'importe quel temps qui dure trop longtemps. On peut transposer la maxime : une mauvaise position, c'est n'importe quelle position qui dure trop longtemps. Je constate encore une fois que l'immobilité est une torture lente. Bientôt, en moins de cinq minutes, une douleur naît au bas de la colonne. Elle s'installe, elle grandit. On m'a bel et bien oubliée. De temps en temps, une tête fait irruption dans le cadre de la porte, lance un «Tout va bien?», n'attend pas la réponse que je suis dans l'incapacité de lui donner et repart satisfaite.

Combien de temps a duré cette première séance?

Enfin, une équipe revient pour m'extirper du fauteuil, me reprendre dans ses filets et me recoucher. Quel bonheur de retrouver ce lit que je considérais ce matin encore comme ma prison!

Avant de me quitter, l'infirmière m'annonce, avec le sourire :

– Désormais, on vous mettra dans le fauteuil de plus en plus souvent.

C'est un progrès dont je dois probablement me réjouir. Sans doute dois-je faire preuve de courage, puisque l'on ne cesse de me répéter que c'est pour mon bien. Pourtant la perspective de la répétition régulière de cette gymnastique aérienne, puis de cette souffrance immobile, me procure de désagréables frissons.

À compter du 27 août, les séances en fauteuil deviennent quotidiennes. Deux fois deux heures, généralement. Deux heures horriblement longues. Deux heures d'un mal-être grandissant. Je ne peux m'empêcher de frémir quand j'entends le grincement de la potence avançant dans le couloir... Il arrive

que mon appréhension soit si grande, que mon cœur
s'emballe si fort que l'équipe soignante renonce.
Quand mon cœur reste raisonnable, je redeviens le
pantin dans un filet, que l'on charge et décharge.

On m'«encoussine» toujours avec soin, on me
donne mes balles à presser, on place une planche
en bois avec une sonnette sous les mains et on me
laisse en lutte avec un corps qui réussit l'exploit de
m'agresser tout en restant inerte.

Le problème, c'est que le soulève-malade ne
dépose pas le pantin que je suis bien au fond du
siège. Il suffit que la colonne soit légèrement de
travers pour que naisse le foyer de douleur, pour
qu'il s'enflamme et se propage. Souvent, aussi,
malgré toutes les précautions prises, ma tête finit par
tomber, puis mon buste penche irrésistiblement vers
l'accoudoir, ma hanche remonte de l'autre côté, les
coussins s'échappent, une affreuse chaleur se met à
m'envelopper… Je m'enfonce dans un inconfort si
grand que je crains pour ma vie. Vraiment : j'ai la
sensation que je pourrais périr ainsi. Aussi bêtement.
Et si c'était celle-ci, ma dernière heure ? J'ai échappé
à une condamnation à mort et je me sens succomber
sous les coups d'un fauteuil ! Dans ce combat entre
deux masses inertes, c'est moi qui demande grâce.

Je me recroqueville dans ma souffrance. Je me fane
de douleur. Alors je pleure. Malgré moi. Abondam-
ment. Comme j'ai rarement pleuré. Comme si toutes

les larmes qui s'étaient amassées en moi lors des nettoyages des sinus ou de «l'arrachage» du sein se déversaient enfin. C'est ma seule façon d'exprimer ma douleur.

Je pleure jusqu'à ce que je me résigne à appuyer, avec la faible force de mes mains de vieillarde, sur la planche de bois.

Alors, on ne prend pas conscience de ce qui se passe vraiment. On considère, j'imagine, que je pleure parce que je déprime, parce que j'en ai assez, non pas du fauteuil en particulier, mais de l'hôpital en général. Soit on tente de réajuster ma position, soit on se contente de me lancer, sur un ton un peu fâché :

– Ah non, il faut rester encore une heure ! Un peu de patience…

Soit encore, comme l'a fait un réanimateur, on fait le tour de mon fauteuil, on vérifie que les coussins sont bien là et on conclut benoîtement :

– Mais non, tout va bien, vous êtes parfaitement assise !

Et c'est vrai, au fond : de quoi pourrais-je me plaindre ? Après tout, ce n'est qu'un fauteuil, ce n'est quand même pas un instrument de torture ! Je devrais sans doute conclure que la douleur est une sensation normale.

– Allez-y, pleurez, pleurez…

C'est un pasteur. Il est d'origine allemande, je

crois : son prénom est Wolfgang. Il est souvent là quand je suis dans le fauteuil. Il s'assoit alors en face de moi, il me prend les mains. Il encourage mes larmes. C'est le seul aumônier qui me rend visite. Je ne le connais pas et pourtant je l'apprécie beaucoup. Il n'atténue pas la douleur, mais il me tranquillise un peu.

Voici Ray à présent. Il essaye de me placer plus en arrière. Il ne peut s'empêcher de commenter, d'un air un peu taquin :

– Ce que tu es lourde ! Atrocement lourde !

Dennis lui a donné le bon conseil, parce qu'il a vécu lui-même cette expérience, qu'il a été dans cette situation et qu'il sait parfaitement ce que je peux endurer :

– Angèle doit être comme la cathédrale !

Cela signifie que la colonne doit être aussi droite que la flèche, les fesses placées bien en arrière, le torse et les jambes à angle droit. Ainsi, le corps ne gémit plus, ou en tout cas il se plaint beaucoup moins. Ça ne tient pas à grand-chose : il suffit de quelques centimètres pour transformer une séance de rééducation en calvaire.

Au bout de quelques semaines, les douleurs s'estompent. La position assise est une souffrance acceptable. Je suis désormais qualifiée pour une nouvelle épreuve : la verticalisation.

20

La planche à repasser

LES FILLES QUI SONT dans ma chambre sourient :
— Ah, mais madame Lieby, vous êtes grande !

Elles ne l'avaient pas remarqué ? Je fais 1,73 mètre, sans les talons ! Il est vrai qu'être clouée dans un lit d'hôpital ne permet pas vraiment de mettre en valeur ses qualités physiques.

Dès la troisième ou quatrième séance de cette «verticalisation», je me risque à me dandiner légèrement, sur les côtés. Cette fois, les infirmières et les préposées qui me surveillent rigolent franchement :
— Vous voulez danser ? On branche la musique ? Mais attention, un bon rock, ça peut être dangereux !

Et je ris aussi, même si mon visage est toujours aussi peu mobile.

Et si mes yeux sont humides, cette fois, ce sont des larmes de joie.

Être debout, c'est une position superbe ! Pas couchée ni même assise, mais bien debout, sur ses deux pieds. Au fond, se lever, c'est devenir un être humain. C'est par la station debout que l'on se distingue des animaux. Je comprends pourquoi nos ancêtres les singes ont décidé de se redresser, il y a des millions d'années. Et je comprends aussi pourquoi il leur a fallu autant de temps pour y parvenir ! Être debout, c'est le summum ! Même si j'ai un peu la tête qui tourne… Mais un peu d'ivresse, parfois, ça ne fait pas de mal, non ?

Au moins, dans cette machine, je ne souffre pas. D'accord, je ne réussis pas cet exploit toute seule : je tiens sur mes deux pieds, mais je suis attachée de partout ! Ça pourrait évoquer le harnachement de sportifs de l'extrême, d'amateurs de sensations fortes sur un manège déconseillé aux enfants. Ma sensation forte, à moi, c'est simplement de me lever… Chaque chose en son temps. Et ça suffit pour me griser.

La « table de verticalisation » a fait pour la première fois irruption dans ma chambre le 1er septembre. C'est comme une grosse planche à repasser. La potence a aussi fait le déplacement, avec ses roues qui grincent… Le début, je le connais : c'est ce désormais habituel exercice du pantin dans un filet. La suite est plus originale. Le soulève-malade ne me dépose plus dans le fauteuil, mais sur cette planche. On me ficelle comme un gigot : mes jambes et mon buste sont sanglés, mes pieds sont retenus par une butée, mes fesses prises dans une sorte de cerclage et il y a une petite tablette, au niveau du ventre, sur laquelle sont posées mes deux mains.

Alors, le manège peut débuter… Doucement, électriquement, la planche se relève. Marie-France et Maria m'observent : est-ce que je deviens blanche ou verte ?… La couleur de mon visage ne doit pas être trop alarmante, puisque la planche poursuit son redressement.

J'ai l'impression que le mur vient vers moi.

Marie-France me lance :

– Tout va bien ?

Tout va très bien, oui. C'est fabuleux de prendre de la hauteur. Cette machine est magique. Lors de cette première séance, la planche ne remonte pas jusqu'à l'angle droit ; elle se stabilise un peu en arrière. Je reste ainsi relevée, droite comme un cierge, une petite dizaine de minutes, avant que l'on entreprenne de me faire réintégrer la position couchée. Bonne nouvelle : mes genoux ont tenu. Certes, ils étaient attachés, mais ils n'ont pas montré pour autant de signes de faiblesse. La table à repasser pourra revenir la semaine prochaine ; la fréquence et la durée de son utilisation pourront augmenter progressivement.

L'équipe qui m'entoure a le sourire. Des bouffées d'espoir me caressent le visage. Une douce chaleur m'envahit. Oui, l'amélioration est possible. Non, je ne suis pas condamnée à l'immobilité. Oui, je peux me sortir de ce piège mou qu'est un lit d'hôpital. Je peux m'en sortir.

Je me relève, enfin ! La langue française est bien faite : le sens propre équivaut souvent au sens figuré. La nature aussi est bien faite : le progrès physique engendre souvent un progrès moral.

Je me recouche avec une sensation oubliée : ça ressemble à de l'apaisement.

21

Le malade derrière la maladie

EN RÉANIMATION, LES JOURNÉES COMMENCENT TÔT : dès 6 h du matin.

C'est l'heure où tout se met en place. L'heure où le silence des machines est troublé par des voix, des rires, des exclamations, le bruit des pas et des portes qui claquent.

C'est l'heure de la relève. L'équipe du matin remplace celle de la nuit. Les deux se réunissent pour la «transmission» ; les «nocturnes» communiquent aux «diurnes» les infos des dernières heures : alertes, complications… Le yo-yo de l'état de santé des pensionnaires de ce terrible lieu de séjour, où les bonnes nouvelles sont toujours plus rares que les mauvaises.

Il ne faut surtout pas les déranger à ce moment-là, car ils n'ont pas de temps à nous consacrer. Mais, comme par hasard, c'est souvent à ce moment-là que je me sens étouffer et que je me retrouve dans l'obligation de sonner.

Les réactions des soignants ne sont jamais les mêmes, selon les personnes et le moment. Compréhension, irritation, douceur, brusquerie… Il y a de tout. Leurs humeurs alternent, comme de rapides changements de temps. Je comprends. Je trouve ça normal. Ils sont sous pression, dans un stress quasi permanent.

Et le patient, de son côté, parce qu'il est inquiet, dans une période de bouleversement physique et psychologique, est sans doute en quête d'une attention disproportionnée. Je me sens parfois coupable d'être dans la demande. Comme une enfant qui ne cesse de solliciter ses parents au lieu d'essayer de vivre par elle-même.

Le principal problème, à mon avis, c'est que, trop souvent, le corps médical oublie que derrière la maladie, il y a… un malade. Et qu'il faut soigner les deux ! S'il se souvient de la présence du malade, il oublie que chacun est différent. Si vous ne rentrez pas dans le moule, alors gare…

Depuis que je suis ici, il m'arrive parfois de me heurter à des pratiques franchement… inhospitalières. Comme cette préposée, hier ou avant-hier, qui m'a lâché que je devais au moins avaler mes propres glaires ! Sur un ton méchant, vraiment. Je le ferais, évidemment, si j'en étais capable. Je préférerais « digérer » ces saletés plutôt que de sonner des minutes ou des heures durant pour que l'on m'en libère, plutôt que de les sentir, la nuit, couler lentement, d'abord sur ma chemise, puis jusqu'au sol.

Je ne peux pas m'exprimer, je ne peux pas me prendre en charge. Je suis donc totalement à la merci des soignants. Je dépends de leur bonne volonté. Il y a ces personnes qui se contentent d'un « On ne comprend rien ! » quand j'essaye de leur expliquer que j'ai mal au ventre ou au bras. Et toutes celles, heureusement bien plus nombreuses, qui ne me quittent pas sans avoir compris.

Si je me réfère à ma petite expérience, j'estime que 5 % de ces personnes n'ont rien à faire dans un hôpital, mais les autres sont des personnes remarquables. Ne serait-ce que par un regard, un geste ou une attention, elles m'administrent quotidiennement une dose d'humanité qui me procure un bien énorme.

J'aime cette heure matinale, quand je les entends s'apostropher, se faire la bise, se demander des nouvelles de leur vie « à l'extérieur », s'inquiéter de la bonne marche du service.

Je les entends parler du « grand » et du « petit » :

– Oh, le grand, il aimerait pas ça !

Je les ai identifiés : le grand, c'est le réanimateur qui est plutôt présent en semaine ; le petit, celui qui est là le week-end. Et j'ai bien compris que, comme moi, elles ont chacune leurs préférences.

Malgré les inévitables exceptions, j'éprouve une empathie naturelle pour toutes ces personnes, des femmes en grande majorité, qui traversent chaque jour les sas sanitaires pour venir travailler ici. J'admire leur engagement. Elles se démènent dans un service extrêmement difficile. Un service hanté par la mort. Lorsque l'on évolue en permanence aux frontières de la vie, il faut savoir garder le contrôle de ses émotions, se parer des risques de sensiblerie, résister à toutes les tentations de faiblesse. Comment font-elles pour supporter les décès successifs ? Comment acceptent-elles de voir partir vers la morgue autant de patients pour lesquels elles se sont inquiétées, pour lesquels elles ont couru dans les couloirs, pour lesquels elles ont, sous le commandement des médecins, chaque fois tenté l'impossible ? Que rapportent-elles chez elles de tout ce qui se vit… et meurt ici ? Comment réussissent-elles à ne pas se laisser atteindre, peu à peu, sournoisement, par ce trop-plein d'émotion ?

Je ne leur en veux jamais de rire devant les portes de ceux qui souffrent. Au contraire, je les en remercie. Leur énergie représente la vie, et la vie, il n'y en a jamais trop dans un service comme celui-ci. Chaque rire qui fuse dans ces couloirs dépersonnalisés est un pied de nez adressé au malheur.

Le premier soin de la journée auquel je suis soumise est un vrai bonheur : il consiste à évacuer les « sécrétions bronchiques » de la nuit. On installe une sorte d'aspirateur sur la canule de la trachéotomie, puis on aspire. C'est incroyable, la quantité de ces saletés que je peux produire, vingt-quatre heures sur vingt-quatre ! Tout ce qui ne s'écoule pas en filets dégradants à l'extérieur de moi, sur mon corps et mes draps, s'entasse à l'intérieur et finit par gêner ma respiration. C'est comme si je me noyais avec mes propres humeurs. Leur évacuation me fait un bien fou. Quand on me libère de ces viscosités, c'est comme si l'on m'offrait un grand bol d'air frais en guise de petit déjeuner.
Peu après cette séance, deux silhouettes apparaissent en souriant. Une blonde et une brune me lancent :
– C'est pour la toilette !
Avant de s'occuper de moi, elles s'occupent d'elles : elles se lavent les mains, enfilent des gants en latex à usage unique, placent un tablier de plastique transparent sur leur blouse. Je ne peux m'empêcher de me demander :
– Suis-je aussi dangereuse que ça ? !

Ça me rappelle ce médecin qui avait touché la main que j'essayais de lui tendre… et avait lavé les siennes soigneusement aussitôt après ! J'ai d'ailleurs remarqué que, généralement, ces grands pontes se tiennent toujours à une distance respectable des malades qu'ils honorent de leur visite, alors qu'il arrive souvent que des infirmières me prennent la main.

La blonde et la brune placent un filet de plastique sous moi, commencent par me laver le visage, puis descendent sur le buste, sur les jambes… L'eau est un délice. Je ne devrais sans doute pas, mais je ne peux m'empêcher de me souvenir du bain, à la maison, le matin. Ce que je pouvais être heureuse, autrefois, sans le savoir ! C'est fou le nombre de bonheurs simples qui agrémentent une vie «normale» ! Des bonheurs que l'on ignore.

Pourrai-je, un jour, reprendre un bain à la maison ? La pensée m'injecte subitement une petite dose de déprime. En guise d'antidote, je me formule le mot d'ordre martial que je m'assène régulièrement : subir, se préparer au pire, être courageuse…

J'en ai besoin, de courage, chaque lundi matin. C'est le jour de la gazométrie : la ponction artérielle. Son but : s'assurer de la bonne oxygénation du sang. C'est un petit enfer. Le soignant et moi-même faisons tout pour rester calmes, stoïques. Et nous vivons tous les deux un bien mauvais moment. Il doit faufiler son aiguille entre les os du poignet ; éviter les nerfs, le métacarpe, les cartilages pour atteindre une artère, au plus profond. Mais l'artère est rebelle, elle ne se laisse pas faire, elle se dérobe, elle est dure, élastique... Et l'aiguille glisse, se plante dans la chair, dans l'os, que sais-je... Il faut recommencer, on ne peut pas abandonner : il faut que l'artère soit piquée. Je le pourrais désormais, mais je me fais un point d'honneur de ne pas crier.

Mon tiroir déborde de cosmétiques. Ray m'a apporté une bonne partie des crèmes qui encombrent d'ordinaire ma salle de bains. Et ça en fait pas mal... Les soignantes veulent bien consoler ma peau et mon âme avec tous ces produits. Je peux être fière de ceci : si j'en crois la réflexion d'une préposée, ma chambre est, de loin, la plus parfumée de tout le service !

Jamais ces femmes-là ne se déparent de leur gentillesse, mais le soin que je préfère, c'est la présence de mes amours.

Ray sait mieux que quiconque entretenir la petite lueur d'espoir dont j'ai besoin pour vaincre. Souvent, dès son arrivée, d'un simple regard, il se rend compte que quelque chose ne tourne pas rond. Alors, sans avoir dit un mot, remonté comme une montre suisse, il s'en retourne trouver l'infirmière ou le médecin ou le chef de service… C'est lui qui me couvre quand j'ai froid, qui me découvre quand j'ai chaud, lui qui m'éteint la télé. Lui qui, chaque soir, vérifie que tout est en ordre pour la nuit. Je souffre de le voir se battre pour moi. Sans lui, je ne serais plus là. Je crois bien que, par moments, il m'en a voulu de l'avoir laissé seul du jour au lendemain…

Régulièrement, il prend l'initiative de me frotter le cuir chevelu avec de la lotion capillaire, de me masser les jambes avec de la crème ou encore de me stimuler la plante des pieds. Sous l'action de ses mains, mon corps se réveille. Je suis de moins en moins une chose inerte, de plus en plus un être réactif. C'est l'effet du prince charmant sur la Belle au bois dormant…

Subir, se préparer au pire, être courageuse. Oui, mais ce ne sont pas mes seuls mots d'ordre. J'ajoute les mots suivants, les plus importants : trouver le bonheur partout et garder confiance en l'avenir.

22

Respirer

IL HALÈTE À MES CÔTÉS nuit et jour. Sans relâche. C'est le premier, le plus fidèle de mes compagnons de galère. Celui qui ne me quitte jamais. Celui qui était à mes côtés dès mon réveil, dans ce noir absolu, ce mystérieux néant qui fut le décor de mon retour à la conscience, il y a si longtemps. Il y a un mois et demi.

Le 2 septembre, les grands chefs du service estiment que je peux me débrouiller sans ce respirateur artificiel. Autrement dit, apprendre à respirer toute seule. Revivre ce que vit un enfant qui vient au monde, mais à cinquante-sept ans. Drôle d'expérience. Formidable appréhension. Attention, le tuyau du respirateur va bientôt être débranché… Maintenant, c'est à vous de jouer, madame Lieby !

Je me concentre, comme avant le départ d'une course, et c'est parti : me revoici en charge de ma vie. Je dois respirer, je ne dois surtout pas oublier de respirer !

Comment font tous les autres ? Comment font-ils pour respirer sans y penser ? Pour respirer et faire autre chose en même temps ? Pour respirer sans que ça les épuise ? Je réapprends, et j'ai du mal, forcément. Respirer est un apprentissage comme un autre. Comme le vélo ou le ski : c'est si naturel quand on sait faire et si périlleux quand on débute…

Je m'applique, car je veux être une bonne élève. Or, j'aspire à peu près bien, mais je n'expire pas suffisamment. Je ne mobilise que le haut du corps, car mon diaphragme ne répond plus. L'échange gazeux n'est pas bon et, bientôt, j'ai mal à la tête. Que l'on me rebranche, maintenant, si vous voulez bien…

Voilà. Cette première séance a duré une bonne heure. Je suis épuisée. En nage. Le tuyau est de nouveau en place, mon respirateur prend le relais, et moi je peux… souffler.

Ray est là, évidemment.

– Bravo, Angèle ! Super ! Tu vois, tu y es arrivée sans la machine !

Il m'encourage. Il est heureux. Heureux que je l'aie fait, mais heureux aussi, sans doute, que ça se termine. Pendant ces longues minutes « en autonomie », il n'a cessé de regarder l'écran. Il s'est surtout inquiété de mes pulsations. À force, il finit par les comprendre, ces bruits et ces signes cabalistiques.

Comme pour le fauteuil, comme pour la verticalisation, les séances sans respirateur augmentent progressivement. On me l'enlève pendant les visites. Je préfère toujours que Ray soit présent, car je ne suis pas tranquille... Un œil sur moi, un autre sur l'écran, il me coache comme un entraîneur. Son message consiste surtout en un leitmotiv :

– Calme-toi, ma chérie, contrôle-toi...

Je n'ai pas le choix, je dois faire rapidement des progrès.

Car bientôt, c'est le grand soir.

Voici déjà qu'un médecin m'annonce :

– Vous allez tenir toute la nuit !

Mon Dieu ! Facile à dire ! Et Ray qui ne sera pas là tout le temps...

J'ai peur, mais je ne peux pas protester. Je ne peux pas me plaindre que l'on me juge apte à un tel progrès. Je ne peux pas me défiler. Je ne peux pas réclamer moins d'autonomie.

Derrière la fenêtre, le ciel s'est obscurci. Je suis seule et débranchée. L'angoisse monte à mesure que les bruits du service, qui ne s'arrêtent jamais complètement, s'assourdissent avec la nuit.

On deviendrait insomniaque pour moins que ça... Je suis couchée, mais presque assise, avec le buste bien relevé, pour respirer du mieux possible, pour que les glaires ne viennent pas m'encombrer. Pourtant, j'ai régulièrement l'impression d'étouffer. Une sensation de surchauffe, de complète vulnérabilité.

Je me répète les conseils de Ray :

– Calme-toi, ma chérie, calme-toi…

L'angoisse retombe un peu. Je me concentre sur ce bruit que je produis avec tant d'application, ce bruit que je voudrais le plus régulier possible, mais qui me semble si dangereusement chaotique. Si je m'endors, ferais-je encore l'effort de respirer ? Est-on bien certain que ce sera automatique ? Si je m'endors, est-ce que je meurs ? Non, puisqu'ils le veulent, puisqu'ils attendent tous que je leur offre cet exploit. Puisque ça semble tant leur faire plaisir… Et puis les machines les alerteront, sans doute. Sans doute, les infirmières passeront dans ma chambre plus souvent qu'à l'ordinaire. Sans doute vais-je bénéficier d'une surveillance accrue.

Je m'écoute attentivement, je régule mon souffle, et le miracle se produit ; ils ont peut-être forcé sur les cachets, mais le fait est : la peur cède du terrain, ça y est, je m'abandonne…

Je me réveille. Toujours vivante. Heureuse d'être en vie, heureuse d'être rebranchée au petit matin, rattachée à la niche de mon respirateur. Cette grande victoire n'est pas définitive. Il faudra remporter beaucoup d'autres batailles avant d'espérer gagner la guerre. Ce temps passé en autonomie respiratoire n'augmente pas de façon linéaire, mathématique, jour après jour. Souvent, le moins bien succède au mieux. Rien n'est jamais assuré. Il est dit que rien ne sera facile. Je le sais. À chaque pic d'espoir répond un moment d'inquiétude. Régulièrement, je m'affole, et le respirateur vient me calmer.

J'entends des commentaires qui ne me sont pas destinés :

– Elle n'a de nouveau pas tenu…

Je le prends comme un reproche. Les médecins me regardent d'un peu loin, l'air perplexe. Ils discutent avec Ray. Je voudrais tant être une bonne élève. Je voudrais tant leur faire plaisir.

23

Histoires d'eaux

L A FRAÎCHEUR DU MONT SAINTE-ODILE... Le doux bruit d'une fontaine... Le grondement sourd de la mer... Le déluge bienfaisant de la douche... L'onctuosité d'une gorgée d'eau... Ce grand plaisir d'un verre d'eau fraîche! Un grand plaisir oublié. Je viens de passer tout un été sans boire un seul verre. Je n'ai avalé que quelques gouttes, déposées de temps en temps sous ma langue, comme une offrande, par des amis compatissants. Ma bouche est atrocement sèche. Je ne suis pas déshydratée, puisque l'eau pénètre directement dans mon organisme par le tuyau de la gastrostomie, mais je suis en manque, clairement. L'eau est la drogue dont je suis privée. C'est avec ravissement que je sens le liquide froid, envoyé par la sonde, circuler dans mon estomac. Et lorsque l'un de mes visiteurs se lave les mains dans le lavabo, j'écoute le robinet couler comme s'il s'agissait d'une symphonie divine!

L'eau m'obsède. Aujourd'hui autant qu'hier, quand j'étais dans leur «coma» et que je me rêvais sous la forme d'un crocodile glissant dans la rivière. Je donnerais beaucoup, là, maintenant, pour pouvoir plonger dans un lac, une piscine, un bain... Même dans une simple flaque!

L'eau est l'un de mes grands sujets de «discussion», par doigt ou paupière interposés. Ray le relève régulièrement dans le cahier vert :

«4 septembre. Angèle veut des bonbons, une sucette. Mais ce n'est pas possible, trop de salive.

10. Angèle a très très soif.

20. Suce des lingettes avec quelques gouttes d'eau.

25. Rêve d'un verre d'eau fraîche.

28. Se fait rafraîchir le visage et la langue avec un brumisateur.»

Ce besoin peut sembler paradoxal, puisqu'un excès de salive et de glaires envahit ma bouche en permanence. Mais si la salive hydratait comme l'eau, on n'aurait pas besoin de boire... Et puis, pour me faire saliver moins et limiter les glaires, on me colle des timbres de chaque côté du cou. Alors, je m'assèche encore plus. Je me fais l'effet d'être une fleur oubliée dans un vase. Un vase à l'eau depuis longtemps évaporée.

Je profite des visites pour mendier un pschitt de brumisateur ou, mieux, une lingette imbibée d'eau que l'on me pose sur les lèvres. Pour que la félicité soit encore plus grande, Ray a la bonne idée d'y ajouter un zeste d'orange fraîche. J'aspire ces lingettes avec avidité. Une avidité telle que mes amies rechignent à me faire ce plaisir : elles ont peur que je m'étouffe…

Peu à peu, j'arrive à me « servir » toute seule : la lingette mouillée est placée sur le bord de cette cuvette arrondie que l'on surnomme le « haricot », et, très péniblement, j'entreprends de monter l'ensemble vers ma bouche. C'est un exercice de rééducation comme un autre. C'est dur, mais je suis motivée. On progresse toujours mieux quand il y a une récompense au bout.

24

Un air de Benjamin Button

MARIE-FRANCE, LA KINÉ, me demande de lui tirer la langue.

J'ai une pensée affectueuse pour l'enfant que j'étais, et que j'ai encore l'impression d'être parfois. Pour une fois qu'on me le demande, je ne vais pas me faire prier !

J'ai la bouche grande ouverte, je suis assise sur ce lit de réanimation dont je connais désormais le moindre boulon et je m'exécute.

Elle scrute le noir de ma bouche avec un air d'impatience.

– Allez-y maintenant !

Mais j'y vais ! Je la tire, ma langue, je ne fais que ça. Elle doit être immense, à présent. Si je continue, je vais lui lécher le bout du nez…

– Vous tirez?

Je bouge la tête de haut en bas pour signifier un «oui».

– Ah non! Faites comme moi...

Je la vois bien, sa langue à elle... Je m'exécute encore.

Et elle a toujours la mine désolée.

– Vous tirez, là?

Mais bien sûr! Je fais encore «oui» de la tête et j'imagine combien elle doit être ridicule, cette tête, avec sa bouche ouverte et son air ahuri.

– Je vous promets qu'il n'y a rien... Tenez, regardez.

Elle me tend un miroir.

Machinalement, je regarde. Bêtement.

Et c'est le choc.

Je confirme : on a effectivement l'air sacrément ridicule, la bouche ouverte sur une langue qui ne veut pas sortir.

Mais ce n'est pas cette image qui me stupéfie. J'ai arrêté mes grimaces, j'ai essayé de reprendre une figure normale, et je n'en reviens toujours pas : c'est une vieille dame, là, qui me fait face dans le rectangle brillant que me tend Marie-France.

Ce n'est plus moi. Je prends le miroir, j'essaie de le bouger lentement pour découvrir, sous ces différentes facettes, cette inconnue que je suis devenue. Enfin, «inconnue»... Pas tout à fait, en réalité. Car c'est ma mère que je retrouve dans ce rectangle. Maman à la fin de sa vie, à ses quatre-vingt-quatorze ans, avec ses cheveux fatigués, sa peau doucement ridée, aussi fine qu'un parchemin, et son regard comme mouillé de larmes, sur lequel est tombé le voile de ceux qui arrivent à la fin du chemin.

Je n'aurais jamais cru lui ressembler à ce point. Nous n'avions pas la même corpulence, autrefois, mais il est vrai qu'elle a perdu ses rondeurs en prenant de l'âge. Tandis que moi, j'ai perdu ma jeunesse brutalement, lors d'un curieux séisme intérieur…

Depuis ce jour où j'ai réussi à m'évader de la prison de mon corps, j'étais parvenue à éviter les miroirs. À trois reprises, Ray a fait venir une coiffeuse dans cette chambre d'hôpital. Je sentais que mes cheveux étaient devenus bizarres, les pointes étaient comme de la laine… Les trois fois, à la fin de son intervention, la coiffeuse m'a tendu un miroir pour que je juge du résultat. Les trois fois, j'ai refusé. Par coquetterie ? Par peur, plutôt, de ce que j'allais découvrir.

Pourtant, je ne m'attendais pas à ça ! Ça ne pouvait pas être aussi terrible. Je ne m'attendais vraiment pas à être aussi… différente.

– Même dans le coma, tu es belle ! me disait Bernadette, il n'y a pas si longtemps. Que doit-elle penser à présent ? Au moins, dans ce coma conscient, je n'étais pas une vieille dame.

Je ne l'ai su qu'après coup, mais il paraît que j'ai fait un drôle d'effet à mon autre amie Janine, une grande marcheuse elle aussi, la première fois qu'elle est venue me voir après mon «réveil». Elle était avec Hubert, un collègue de travail. Ils s'étaient rencontrés par hasard dans les couloirs et étaient entrés dans ma chambre ensemble, afin de surmonter la légère appréhension qui existe toujours dans ces cas-là, de s'administrer mutuellement une dosette de courage. Cette précaution n'était pas de trop… Ce jour-là, je ne les ai pas remarqués, je n'ai pas senti leur présence. J'étais complètement immobile, le visage figé, mais les yeux ouverts. Ces yeux étaient comme révulsés et fixaient le plafond, en arrière de ma tête.

C'est simple : je ressemblais à une vieille dame sur son lit de mort.

En fissurant le moule qui m'immobilisait, j'ai cru redevenir un nourrisson, un être qui ne sait rien faire seul et doit tout apprendre : respirer, déglutir, faire ses besoins; puis, si tout se passe bien, parler, marcher, courir… Un bébé qui s'engage sur le très long chemin de l'autonomie.

En me découvrant dans ce miroir, j'ai le sentiment inverse : je ne suis pas un bébé, mais une vieillarde ! Je suis déjà au bout du chemin, comme l'était maman juste avant de quitter ce monde. Sans muscles, sans ressort. Quand je parviens à me lever de mon lit, le

reflet que j'évite dans les vitres est celui d'une centenaire de maison de retraite.

Le film de ma vie s'est brusquement accéléré pour
me transporter directement à la scène qui précède
le mot «fin». Et je me trouve devant un formidable
défi : rembobiner la pellicule.

Au fond, l'histoire de Benjamin Button, incarné
au cinéma par Brad Pitt, n'est pas si «étrange».
La destinée extraordinaire de cet homme qui naît
vieux et meurt jeune, c'est celle que je dois suivre à
présent. Comme Benjamin Button, je commence par
la fin. Comme lui, je dois vivre à rebours des autres
et rajeunir avec les ans. Et c'est une opération autrement plus compliquée que celle de glisser lentement
dans la vieillesse...

25

La leçon de vie

C'EST LE TEMPS DES PROGRÈS. Ils ne sont pas réguliers, mais ils existent, indéniablement. De l'apprentissage de la respiration, cette libération progressive de la machine, découlent d'autres conquêtes essentielles. Celles-ci sont toutes difficiles, partielles, chèrement gagnées, mais chacune d'elles me ragaillardit l'esprit, me gonfle le cœur d'une détermination inébranlable.

Comme le fait de pouvoir effectuer quelques pas. C'est toute une manœuvre, mais je me lève sans potence, désormais, pour gagner mon fauteuil. Et voici que je vais plus loin : je m'aventure jusque dans le couloir. Solidement encadrée, évidemment. Une personne à droite, une autre à gauche et un fauteuil roulant derrière : il porte une bouteille d'oxygène et est prêt à me recevoir en cas de défaillance.

C'est toute une technique, la marche ! D'abord, il y a la position précaire de la colonne sur le bassin, que j'ai travaillée sur ma « planche à repasser » ; ensuite, ces déséquilibres continuels du corps en mouvement. Il faut réfléchir : mettre d'abord tout le poids sur une jambe, puis sur l'autre… Allons-y pour la droite : elle pèse une tonne… Puis le moment délicat : renversement du bassin et bascule sur la gauche. Je titube au ralenti. Des applaudissements éclatent. Ça signifie bien que j'ai accompli un exploit, non ? C'est si rare, en réanimation, un malade qui quitte sa chambre sur ses deux pieds. Regardez, elle marche ! On se croirait dans les Évangiles. J'ai fait deux pas… Vous êtes sûr ? Autant que ça ? Je souris : dans mes rêves, je me promène depuis longtemps !

C'est une satisfaction énorme. Mais que cet équilibre est fragile ! Je n'ai plus de muscles, ils ont fondu à une vitesse folle. Surveillez-moi bien, je peux lâcher à tout moment. Et je dois penser à respirer, et je sens en plus se former un point de côté… Dennis, le kiné, est ravi : il est aussi heureux que s'il faisait partie de ma famille. Ils sont importants pour moi, les kinés, maintenant. Bien plus que les grands savants qui m'observent toujours à distance respectable.

En revenant vers le lit, je jette un œil par la fenêtre. Je suis surprise de découvrir des arbres sans feuilles, glacés sous un ciel gris. Mon dernier souvenir du dehors remonte à mon arrivée dans ce bâtiment : c'était une chaude soirée d'été, les arbres étaient d'un vert joufflu. Les saisons passent sans que je les remarque. L'été a filé sans m'attendre.

Me libérer de la laisse du respirateur m'autorise un autre progrès fondamental : je peux de nouveau parler. Plus comme l'Angèle d'avant, d'accord, mais je peux émettre des sons, et même être comprise.

Pour ça, il faut me changer de canule, m'installer un modèle qui sert en réalité de bouchon et permet à l'air de passer par ma bouche plutôt que par mon cou.

C'est prêt. On m'encourage :

– Essayez... Dites «oui», «non», «bonjour», «au revoir»...

Autant de temps sans prononcer un seul mot... Ma voix doit être sacrément rouillée !

Faisons l'essai. Comment ça marche, déjà ?

– Bon... jour...

Autour de moi, les visages expriment la joie. Ils font plus que sourire : ils rient franchement. Moi, non ! Je suis horrifiée par ce que je viens d'entendre ! Je me dis : «Non, non, ce n'est pas possible, remettez-moi l'ancienne canule ! » Je le pense seulement, car je préfère me taire ! Les cordes vocales fonctionnent encore, mais de quelle manière... On dirait la voix d'une femme qui boit jour et nuit ! Ma première pensée va vers mes petites-filles : elles ne reconnaîtront plus leur mamie. Ce n'est pas moi, cette voix de soûlonne ! Je refais un essai en cachette, doucement : « Oui, non, bonjour… » Brrr ! Ce son est effrayant. Caverneux, métallique. Il me donne la chair de poule. Les autres trouvent ça formidable, évidemment. C'est ainsi : je dois m'habituer à être différente de celle que je crois encore être. Ce ne sera pas simple de redevenir moi.

On m'installe en journée cette canule-bouchon qui me permet de parler, et on me rebranche pendant la nuit. Très vite, je n'ai plus les scrupules du début : je préfère avoir la voix d'une étrangère que de rester muette. Il n'y a pas si longtemps, j'étais comme une présence invisible au milieu des vivants. Maintenant, il suffit de quelques nuits sans paroles pour que je me sente coupée du monde.

C'est pareil pour la nourriture : les progrès sont difficiles à obtenir, mais ils sont obtenus. Le « grand » a décrété que je devais me réhabituer à une alimentation normale. Je l'approuve complètement. Le simple fait de voir revenir un plateau à heures fixes est un régal. Manger n'est pas qu'un besoin physiologique, c'est aussi un acte culturel. Les sondes et les pilules ne suffisent pas à nous rassasier, quelle que soit leur quantité de calories. On n'est vraiment repu que lorsque tous ses sens sont mis à contribution : le goût et l'odorat, évidemment, mais aussi le toucher, la vue… Et l'ouïe, si possible, car un bon repas se partage et les plats délient la langue.

Bien sûr, je ne vois pas encore arriver d'entrecôte ou de choucroute fumantes… Sur la table qui enjambe mon lit ne sont disposés que des aliments liquides, style soupe ou compote. En guise de fourchette et de couteau, je dispose de deux seringues. Sans les aiguilles, évidemment. C'est du goutte-à-goutte. Une de mes mains aide l'autre. Je dois pomper un peu de soupe dans le tube en plastique, monter la seringue à la bouche, déposer un peu de liquide sous la langue, et surtout pas dessus, car sinon je m'étouffe… Il suffit d'un grain de pomme de terre pour enrayer tout le processus. La manœuvre doit être précise, car la sortie de route menace toujours.

Je crois bien que l'on n'a jamais mis autant de temps pour manger aussi peu! Le gaspillage est énorme, mais le plaisir est bien réel.

Et là encore, au fil des jours et des petites victoires, la mission est de moins en moins impossible. Une infirmière note ce que j'avale pour le soustraire de ce que m'injecte la sonde. La balance entre ce qui passe par la bouche et ce qui passe par le ventre se rééqui-libre lentement, mais sûrement.

En réanimation, les fleurs ne sont pas autorisées. Pas de roses, pas de lys, pas d'orchidées pour égayer ma chambre. Les fleurs sont d'abord perçues comme des nids de germes. Les amis qui se sont risqués à venir avec un bouquet à la main ont dû l'abandonner à l'entrée. Alors, ils trouvent autre chose. Yolande et Michel, eux, m'ont apporté un yaourt ! Excellente idée. Sauf que je n'étais toujours pas venue au bout de leur cadeau quand ils sont repartis. Il m'a fallu deux bonnes heures pour l'avaler. Un vrai combat ! En temps normal, voici une affaire qui aurait été réglée en deux coups de cuillère…

Enfin, il y a ce progrès très important à mes yeux et, j'imagine, à ceux des autres : je ressemble de moins en moins à une sorcière revenue du néant. Comme mes facultés d'audition, ma vision s'améliore. Ray m'a acheté des lunettes. Grâce à elles, je n'ai plus un œil fermé par un pansement ; il suffit de coller des prismes sur les verres. Ce ne sont pas les plus belles lunettes, sans doute, mais grâce à elles, je suis moins moche !

26

« Je t'aime »

OÙ EST-IL, CE CAHIER ? Ah, le voici, sous le drap. J'ai toujours peur de le perdre. Même quand je voyais très mal, au début, il me le fallait près de moi.

Quand Ray me l'a confié, j'étais dans l'impossibilité d'y lire quoi que ce soit. L'œil qui n'était pas obstrué par un pansement était incapable d'y déchiffrer les mots écrits au crayon. Heureusement, peut-être… C'était mieux ainsi : il me fallait du temps. Je devais encore prendre des forces avant d'affronter ça.

Ce ne fut pas du tout facile quand j'ai découvert les mots de Ray.

Encore maintenant, et je pense que ce sera toujours le cas, des bouffées d'émotion me font suffoquer quand j'entreprends de lire, pour la millième fois, ce qu'il a confié dans ces pages à petits carreaux.

C'est une bombe émotionnelle, ce cahier vert.

Il a l'air inoffensif, comme ça, mais c'est un redoutable tire-larmes. Il m'effraye et m'attire à la fois. J'ai besoin de m'y confronter. Ça doit faire partie du passage obligé vers un éventuel retour à la « normalité ». J'imagine que les larmes, comme la sueur, nettoient de l'intérieur. Si c'est le cas, je n'ai jamais été aussi propre qu'en ce moment.

Allez, je m'arme de courage. Je l'ouvre.

La page s'arrête sur l'écriture de Ray.

Mes yeux lisent sans difficulté, à présent ; mais c'est aussi parce que je connais ces mots par cœur.

Dans le cahier, mon mari n'a pas consigné seulement l'évolution de mon état, mais aussi celle de ses états d'âme.

Voici des extraits de ce qu'il a écrit quand nous n'étions pas en mesure de communiquer :

« Nous en sommes à dix jours de coma. On ne s'attend jamais à ce type de situation. Quand ça arrive, on comprend ce que vivre veut dire. »

« Je n'ai rien demandé, je n'ai rien provoqué. J'ai juste subi la maladie de ma femme. »

« À 8 h 30 ce matin, je craque. Je ne supporte plus cette situation. Je me sens si seul. À qui raconter mes soucis, ma solitude ? Personne pour me soutenir. »

« La chance que l'on a de vivre en bonne santé… »

«Je vis au jour le jour. Je fais tous les trucs intéressants qui se présentent, je travaille autant que possible. Et lorsque la réussite est là, je craque de ne pouvoir la partager avec celle que j'aime.»

«Heureusement, ma fille est présente. Son courage est mon meilleur soutien. Grâce à elle, j'arrive à me contenir.»

«Je sais qu'il faut parfois dépasser ses propres souffrances et faire confiance à la vie. Si aujourd'hui je me sens plus fragile que d'habitude, demain je peux avoir une foi à déplacer les montagnes...»

C'est assez pour aujourd'hui. Je referme le cahier sur cet accent positif, volontaire. Je peux entreprendre de m'essuyer les yeux...

Ce qui me touche particulièrement, dans ces phrases, c'est son honnêteté. Est-ce qu'il m'en veut ? Je me sens coupable de lui faire subir ça... C'est un sentiment, je le sais, que je dois combattre : je n'y suis évidemment pour rien dans ce qui nous arrive. Ni moi ni lui. Ni personne ? Qui accuser ? Les médecins ? Le destin, la fatalité ? Quand le découragement pointe, je fais comme lui : j'emploie toutes les forces qu'il me reste pour le repousser.

Le désespoir ne s'installe pas, car il ne fait pas partie de mon caractère. Lâcher prise, ce n'est pas dans mes gènes. Je ne veux regarder que vers le haut, je ne veux m'intéresser qu'aux progrès possibles. Je ne me lamente pas sur ce que j'ai perdu, je spécule sur ce que je peux gagner. Je ne me complais pas dans les hypothèses les plus sombres. Le sombre, je connais désormais ; c'est la lumière qui m'intéresse.

L'énergie s'accumule en moi comme dans une batterie. Je suis déterminée à me battre.

Moi aussi, je veux écrire ! C'est bien plus qu'une envie : c'est un besoin. Ray a eu l'excellente idée d'acheter une petite ardoise. Pas celle de nos années d'école, noire avec la craie blanche ; non, une moderne, qui s'accompagne d'un feutre. Mes visiteurs peuvent l'utiliser pour me « parler », au lieu de se pencher vers mon oreille. Et moi, je peux y exercer ma main.

C'est un sacré défi. Il m'est encore compliqué de maîtriser ma position, mes mouvements. Pourtant, il l'a bien déchiffré, Ray, ce petit mot que je lui ai adressé, quelques jours après qu'il m'a apporté l'ardoise. Ce message tout simple qui restera l'un des moments les plus romantiques de notre histoire commune.

Je l'avais écrit au jugé. Ce n'était qu'un gribouillis.

J'ai rougi comme une collégienne quand il m'a pris l'ardoise des mains. Et j'ai senti une formidable onde émotionnelle nous submerger quand j'ai compris qu'il avait réussi à me lire.

Ce gribouillis était lisible parce qu'il éclatait de sincérité.

Parce que c'était un cri. Une nécessité. Une évidence.
Parce que mon cœur avait guidé ma main.

« Je t'aime, mon amour. »

Comme une collégienne, j'avais tracé sur l'ardoise
ces mots si naïfs, mais qui font tellement de bien...
Et comme un collégien, Ray s'est senti un peu bête
en les découvrant. Mais ce trouble a été bref, en
apparence. Il a dégusté son plaisir et est aussitôt
redevenu lui-même : l'homme solide, calme et atten-
tionné, le roc dont j'ai plus que jamais besoin pour
ne pas partir à la dérive.

Cet exploit de l'ardoise, j'essaye de le reproduire
sur le cahier.

Mon esprit carbure à plein régime. Régulièrement,
je me dis : « Ça, ce n'est pas possible, il faut que je
le note ! »

Mes pensées sont comme mes larmes : elles se
sont tellement accumulées en moi que je dois les
faire sortir, absolument. Mais je suis encore trop peu
dégourdie ; le stylo me tombe des mains, mes mots
sont illisibles.

J'attends d'être seule pour procéder à ces essais.
Or, dans une chambre d'hôpital, on n'a jamais l'assurance d'être tranquille longtemps. Fatalement, une
personne entre alors que je me bats avec ma feuille.
Et fatalement, on m'interpelle, on s'interroge.

Une infirmière me lance en riant :

– Alors, madame Lieby, vous écrivez un roman !

Je ne peux pas lui répondre que l'hypothèse me paraît bien plus sérieuse qu'elle ne l'imagine. Un roman, non, mais un livre, oui, pourquoi pas.

Elle poursuit aussitôt, parce qu'elle sait bien que je ne suis pas en mesure d'engager la discussion :

– Vous savez, il y en a plein qui veulent en faire, des livres…

Sous-entendu : vous pouvez toujours rêver ! Heureusement que je peux ! Bien sûr que je rêve ! Comme tout le monde ! Le rêve est le complément nécessaire de la réalité. Il n'est pas seulement nécessaire pour la supporter, mais aussi pour la sublimer. Si l'on ne rêve pas, on n'avance pas. Rêver, c'est se fixer un but. C'est s'interdire l'immobilisme, le *statu quo*.

L'infirmière vient me border, bien comme il faut. J'ai l'impression d'être une enfant à qui l'on demande de ranger son jouet pour s'endormir enfin. Elle m'engonce si bien dans un carcan d'oreillers que je ne suis plus du tout en mesure d'écrire quoi que ce soit.

De toute façon, ce fichu cahier a de nouveau disparu…

27

Ces petites misères…

S I MES PETITES-FILLES ME VOYAIENT ! Je suis comme un bébé sur son pot. Pareil. Sauf que le bébé, lui, il réussit à se relever tout seul, et moi non.

J'y tiens, à cette chaise percée, même si elle me fait retomber en enfance, même si elle n'est pas confortable du tout, même si elle n'est franchement pas jolie à voir. J'aimerais qu'elle soit toujours à ma disposition. Or, c'est la seule de tout le service. Quand je la réclame, je dois attendre. Non seulement, faut-il qu'elle soit libre, mais aussi désinfectée.

J'essaye d'y aller à heures fixes. Ils m'ont enlevé les sondes urinaire et anale. Cette dernière, je ne l'ai pas gardée longtemps : ça devait marcher trop bien, ils ont eu peur que je maigrisse trop… Alors, ils ont modifié l'alimentation que l'on m'administre par la gastrostomie. À partir de ce moment-là, mes problèmes intestinaux ont commencé. À partir de ce moment-là, je me suis heurtée à ces petites misères de notre machinerie humaine. L'homme a la tête dans les étoiles et les pieds sur terre. D'un côté les grandeurs de l'esprit, de l'autre les soucis digestifs…

Je ballonne, comme une outre. Mes boyaux se contractent en vain. Ils le font si douloureusement qu'à force de gémir, souvent, je me mets à pleurer. Alors, je sonne et sonne encore, toujours pour la même chose : ce satané mal de ventre. On me prescrit de nouveaux médicaments, de l'huile de paraffine. Je crois que ça y est, j'appelle encore, dépêchez-vous… Mais non, on m'assure qu'il n'y a rien. Je suis bouchée, complètement. Misérablement.

Il paraît que l'expression «Comment allez-vous?» fait référence au transit intestinal. C'est une façon de souligner l'importance de la chose : quand ça va à ce niveau-là, ça va bien partout. Eh bien, moi, je peux dire que ça ne va pas du tout! Je rêve d'un lieu isolé dans lequel je pourrais me vider.

En réalité, mes intestins sont comme le reste : ils se réveillent d'un endormissement brutal. Et comme les muscles de mes jambes ou de mes bras, ils ont besoin de longues séances de rééducation pour réapprendre à fonctionner normalement. Comme le reste, ça ira mieux avec le temps.

En attendant, à côté des gros, les petits bobos s'enchaînent : infections, otite, luxation de la mâchoire, fécalome, etc. Quand un problème se règle, un autre surgit. Ces petites misères de la machinerie humaine...

28

Rechute

— **P**RÊTE ?

Je me contracte.

– Alors, on y va ! Un, deux, trois…

Et tchac !

Ouh ! La douleur résonne en moi comme la vibration d'une cloche après l'impact. Mais il s'y est bien pris, lui. Je préfère que ce soit un type costaud plutôt qu'une jeunette. Il n'a pas eu d'hésitation : il a arraché d'un coup sec la canule encastrée dans ma gorge. Ça paraît barbare comme procédé, mais j'y suis habituée : j'y ai droit tous les mois, à peu près. Le mode opératoire est toujours le même : on aspire les sécrétions, on enlève la canule, on aspire encore et on en remet une nouvelle.

Sauf qu'aujourd'hui est un grand jour : il n'y aura pas d'autre canule. Le trou restera vide. On lui laissera le temps de se refermer. La peau aura le droit de cicatriser. La trachéotomie, c'est fini ! J'ai vécu avec (et grâce à) elle pendant trois mois et demi environ. Est-ce long, est-ce court ? D'un point de vue médical, je ne peux pas juger, mais d'un point de vue personnel, ce que je viens de vivre a la durée d'une épopée. Ce matin, je me sens plus légère. Je regarde le blanc triste de cette chambre d'hôpital d'un œil joyeux. Ce matin, une phrase tourne en boucle dans ma tête. Une phrase que je n'ose pas formuler clairement, qu'en réalité je n'ose pas croire, mais que je ne peux pas chasser. Une phrase qui répète, sur un air de fête : «Je suis sauvée, je suis sauvée…»

Un simple pansement posé sur le trou de mon cou, et le tour est joué. Me voici toujours bloquée ici, mais me voici beaucoup plus libre.

Pour poursuivre cette odyssée vers la normalité, je dois progresser dans l'évacuation de mes sécrétions. Je suis toujours à la merci d'une sorte d'encombrement intérieur. L'impression d'étouffement et l'atroce chaleur qui l'accompagne ne sont jamais loin. Ce n'est pas très élégant, mais, pour espérer vivre normalement, je dois prouver mon aptitude à cracher…

Je reçois pour cela l'aide d'une machine qui ressemble à un petit appareil électroménager :

l'inhalateur. On a fait l'essai avant de m'arracher la canule : on l'a branché sur le tuyau de mon cou, l'appareil a soufflé dans mes poumons un produit fluidifiant, et j'ai senti que ça me dégageait. C'est en combinant mes petites facultés d'expulsion et le soutien de l'inhalateur que l'on a pu gagner en ambition et accorder à ma fidèle «Rolls des respirateurs» le droit d'aller sauver quelqu'un d'autre.

Voici quatre jours que la canule a été enlevée. Sous le pansement, le trou de ma gorge s'est peut-être déjà refermé. Je garde toujours, au fond de moi, cette crainte de ne pas être capable de vivre durablement sans la machine. Est-ce psychologique? Je m'encombre, effectivement, jour après jour. J'ai de plus en plus de mal à respirer, comme si j'avais un très gros rhume.

On me prescrit donc trois séances d'inhalateur. Excellente idée! Je me réjouis. Je suis à cent lieues de m'imaginer que je considérerai, plus tard, cet épisode comme l'un des plus traumatisants de ma maladie…

L'embout de l'appareil est placé sur ma bouche. La première séance a lieu dans l'après-midi. Elle dure une petite heure, le temps que le flacon se vide. L'effet est net, je me sens mieux. Plus dégagée. Comme si un coup de vent avait balayé mes nuages intérieurs.

La deuxième séance est prévue en soirée. On me l'installe, et je somnole, confiante… Mais je rouvre vite les yeux, méfiante : l'appareil ne procure pas son effet habituel. J'ai l'impression qu'il souffle l'air sur la poitrine plutôt que dans les bronches. On dirait que le fluidifiant est absent… Oui, c'est bien ça : ma chemisette est mouillée au niveau du ventre ; le produit n'entre pas en moi, il s'écoule sur moi !

Je signale le problème à l'infirmière qui vient m'enlever l'inhalateur, mais elle ne m'écoute pas vraiment. Elle est déjà repartie. Et moi, je respire mal, de nouveau. Aussi mal qu'avant la première séance, sans doute même encore moins bien. Revient, aiguë, cette impression d'assèchement intérieur qui est l'un des grands classiques de mon hospitalisation.

Je dors quasiment assise : la position couchée me paraît si dangereuse… Je somnole. Je me persuade : «Ça ira mieux demain… Demain, on m'arrangera tout ça… Demain est un autre jour…»

Et «demain», à l'hôpital, ça commence à 6 h : l'heure de la relève, celle d'un nouveau départ. On va s'occuper de moi. La sensation d'étouffement s'est amplifiée. Respirer est un effort de plus en plus grand. Je commence cette journée épuisée.

Après les soins classiques, on prépare l'inhalateur pour la troisième séance. L'infirmière s'appelle Estelle. Elle est enceinte, ça se voit, elle ne tardera pas à profiter d'un congé de maternité.

Je l'alerte :

– J'ai du mal à respirer !

– Justement, avec ça, ça ira beaucoup mieux.

– Oui, mais vérifiez l'installation ! Ça ne marchait pas hier soir.

Elle s'étonne :

– Je ne pense pas…

– Ne refaites pas pareil surtout !

– Je fais comme ma collègue a fait ! Et elle fait bien son travail !

– Vous avez regardé ?

– Tout est bien !

– Il y avait un problème…

– Il n'y a aucun problème ! Il faut être calme, c'est tout. On connaît notre travail, tranquillisez-vous.

– Regardez, je vous en prie…

Ce n'est plus une demande, c'est une prière. Je sens mes yeux s'embuer… Je la fixe de toute la force de mon regard, mais c'est inutile. Elle ne me voit pas, ne m'écoute pas, elle non plus. Elle rebranche la machine et file, avec le sentiment, sans doute, que je ne suis qu'une râleuse.

Est-ce que je peux la croire ? Est-ce que l'inhalateur va redevenir efficace ? Je me concentre, j'attends la bonne surprise… J'espère les bienfaits du fluidifiant, mais rien ne vient… Je le savais ! Je m'en doutais, je le redoutais. Ne me parvient que ce maudit air chaud, ce sirocco mécanique qui m'assèche tripes et boyaux.

Le produit fait toujours défaut. L'inhalateur ne me soulage toujours pas, au contraire, il accélère mon mal-être. Ce souffle étranger me prive d'oxygène. Déjà que je n'en avais plus beaucoup… Ce n'est pas possible! Elle avait bien vu, dans mes yeux, que ce n'était pas possible?

«Tranquillisez-vous!» C'est facile à dire, mais ça ne se décide pas. Comment être tranquille si l'on se sent en danger? Et pourtant, oui, j'obéis, bizarrement. J'attends sagement… Tranquillement. Sonner encore? À quoi bon? Le produit s'est sans doute de nouveau déversé sur moi… Je me sens découragée. À quoi bon râler, protester, se plaindre? À quoi bon essayer de se battre? Tout ira mieux plus tard, n'est-ce pas?

Les infirmières reviennent. Il n'y a plus de produit dans la machine, c'est donc parfait, on m'enlève l'inhalateur et on m'installe désormais dans le fauteuil. On fait bien attention aux coussins, derrière, sur les côtés… Voilà, vous êtes impeccable, madame Lieby, vous ne pouvez être mieux!

On s'est intéressé aux coussins, mais on ne s'est pas intéressé à moi. On ne s'est pas inquiété de me trouver molle, apathique. Amorphe. Je suis comme absente à moi-même. Je m'éteins doucement. À la fois en colère et résignée. Voici de longues heures que je ne suis plus capable de respirer normalement.

Je souffre et je m'abandonne.

Me voici de nouveau aux prises avec cette énorme incompréhension qui m'a régulièrement saisie lorsque j'étais emmurée en moi-même, au début de cette histoire : pourquoi suis-je maltraitée dans un hôpital ? Par quelle absurdité ? Quelle est la logique qui me conduit à souffrir autant dans un lieu dédié aux soins ? Depuis que je suis sortie de la paralysie totale, j'ai encore vécu des moments très difficiles, mais au moins avais-je la certitude que ces souffrances étaient utiles, qu'elles étaient des passages obligés vers le mieux-être. Mes progrès, petits mais précieux, le confirmaient. J'étais persuadée que le temps des tortures gratuites était bien terminé. Que c'était de l'ordre du souvenir. Mais non… Je m'illusionnais. Je n'en ai pas encore terminé. Je n'ai pas encore épuisé mon quota de douleurs inutiles.

Quelqu'un vient. L'infirmière ? Non, une préposée à l'entretien.

Elle balaye le sol de la chambre. Je perçois un bruit de roulement sous le lit. Elle ramasse un objet.

Je suis à moitié partie, usée nerveusement et physiquement, mais là, je raisonne très vite :

– C'est un morceau de l'inhalateur ! C'est pour ça que ça ne marche pas !

Elle range l'objet dans la poche de sa blouse.

– Donnez-le, je vais leur montrer !

– Ah non, je n'ai pas le droit !

– Alors dites-leur ! S'il vous plaît ! C'est pour ça que ça ne marche pas…

– Je vais le signaler.

Elle termine son travail et s'en va. Tout est propre, tout est en ordre. Sauf moi…

Je l'entends parler dans le couloir. L'ont-ils écoutée ? Rien ne change, personne ne vient. L'air se fait désormais si rare que c'est comme si j'avais un sac en plastique sur la tête. Je tousse, je suffoque. Je me noie dans mes pleurs intérieurs. Ce n'est pas possible ! On ne peut pas me laisser comme ça… Pas encore. Pas encore seule face au désespoir, comme lorsque j'étais dans la prison de mon corps, comme lors de mes premières séances de fauteuil… J'ai lutté, beaucoup, mais mes forces, je le découvre, ne sont pas illimitées. Cette fois, c'est bien fini. J'abdique. Désolée. Il n'y a plus d'air. Je me sens partir. Pour de bon, cette fois…

– Madame Lieby ! Madame Lieby !

Qui m'appelle ? Je l'entends à peine. Ce n'est qu'une ombre dans le brouillard.

C'est une kiné.

Elle me secoue. Je suis bleue, complètement bleue…

– Madame Lieby, vous m'entendez ?

Elle me comprime le ventre, repart, revient.

M'interpelle encore, repart de nouveau.

S'alarme :

– Mais qu'est-ce qu'ils font !

Nous sommes en fin de matinée. C'est de nouveau l'heure de la transmission. L'heure pendant laquelle il ne faut surtout pas réclamer. Et nous sommes un week-end, pour ne rien arranger.

La kiné va les prévenir deux ou trois fois. Pourquoi ne l'écoutent-ils pas ? Comment ne mesurent-ils pas la gravité de la situation ? Enfin, ils bougent ! Ils arrivent, se dépêchent. Ils sont trois ou quatre, ils me soulèvent du fauteuil aussi facilement qu'ils le feraient d'une poupée, me reposent sur le lit.

Je recouvre un peu mes esprits, puisque j'aperçois le « petit » médecin-réanimateur au milieu d'eux. Il ressemble à un scaphandrier : il a enfilé la tenue de ceux qui vont procéder à une opération. Il tient dans les mains un long tuyau, il m'en enfile un dans le nez.

– Madame Lieby, il va falloir vous remettre la trachéotomie…

J'ai l'ultime force de refuser :

– Non ! Je ne veux pas… Je ne veux plus !

Je suis dans un état semi-comateux. Ils doivent déjà m'injecter des produits, déjà m'endormir. Combien sont-ils autour de moi ? Je crois distinguer ou entendre Ray, et pour la première fois, pour la seule et unique fois de ma vie peut-être, je lui dis :

– Pars…

Je suis au bout. Je croyais arriver à la fin des épreuves, je suis en réalité à la fin du parcours. Je le ressens profondément, et c'est un sentiment terrible : à cet instant, oui, j'en ai assez. Vraiment. Je veux mourir. Je n'en peux plus, ce n'est plus possible. Je veux en finir, car ça n'en finira jamais. Ça n'arrête plus. Tous ces coups. Tous ces espoirs. Toutes ces épreuves. Tous ces efforts. Je voulais tellement y arriver, je voulais tellement qu'ils soient heureux, tous… Et là, au moment où l'on pouvait vraiment y croire… Ce n'est pas qu'une rechute, c'est bien plus : c'est la chute. La chute finale. Et à cause de quoi ? D'une inattention, d'une chose si ridicule… Le destin ? Que faire contre le destin ? Je ne peux, je ne veux plus lutter. J'ai tout donné, je le promets, mais je ne suis plus capable. Je croyais que les souffrances disparaissaient une fois endurées, ce n'est pas vrai : toutes celles que j'ai accumulées depuis la mi-juillet sont encore là, terrées en moi. Et à cet instant, toutes ces douleurs se réveillent et se confondent : celles des sinus, celles du sein, celles du fauteuil, celles de l'enfermement… Elles se manifestent de nouveau, simultanément, pour me porter le coup fatal. M'achever en un dernier sursaut.

Ils me redécoupent la gorge. Je sens le scalpel qui glisse sur ma peau. La douleur est vive, mais je ne peux pas l'exprimer : je me sens repartir en arrière, dans ce «coma» pendant lequel les pires tortures me laissaient impassible. Ça ne peut pas recommencer! Il ne faut pas! Ils veulent me rebrancher, mais non! Ils n'ont rien compris… Brancher, débrancher, rebrancher… Stop! Tout ceci est ridicule. Ils auraient mieux fait de me débrancher pour de bon en juillet. Oui, ils avaient raison, ceux qui préconisaient ma fin. Je les approuve à présent : il est inutile de s'acharner.

29

En résistance

JE ME RÉVEILLE.
Et j'ai la confirmation que ce cauchemar était bien réel.

Je suis de nouveau muette, j'ai de nouveau une canule encastrée dans la gorge, de nouveau le cou serré, tenu en laisse par le tuyau de la trachéotomie.

En guise de bonjour, une infirmière me gronde :

– Attention, madame Lieby, ne respirez plus ! Il ne faut pas respirer !

Comment ça, ne pas respirer ? Ah oui, c'est le respirateur… Ainsi, il a fallu que je réapprenne, très difficilement, à respirer par moi-même, et il faudrait à présent que je désapprenne brutalement ce réflexe de survie. Quand je disais que c'était une histoire de fous…

En même temps qu'un profond découragement, je ressens, une nouvelle fois, un grand sentiment de culpabilité. Je sais bien qu'il est totalement injustifié, mais je m'en veux d'être encore dans cet état. Je m'en veux pour Ray et Cathy. J'imagine leur déception, ce qu'ils ont dû ressentir quand ils ont appris mes dernières péripéties.

Ray est là, justement, maintenant. Il me sourit, il me caresse la main, la joue, les cheveux. Il me dit que tout ira bien, que ce n'était qu'un accident, que je dois me reposer, que je continuerai à faire des progrès et que cette fichue machine disparaîtra prochainement, il n'y a aucun doute à avoir là-dessus...

Ce qu'il ne me dit pas, c'est qu'il a discuté tout à l'heure avec le « grand », dans le couloir. Il lui a demandé combien de temps je devrais recourir à la trachéotomie. Le réanimateur a répondu :

– Oh, vous savez, des gens peuvent garder ça toute leur vie ! Il existe des petits modèles, portatifs...

Petit ou grand, pratique ou non, joli ou moche, peu importe ! Dans mon esprit, une chose est bien claire : je ne rentrerai pas chez moi avec un respirateur. Je préférerais ne pas rentrer du tout. J'ai cette idée en tête depuis le début : je reviendrai dans ma maison dans l'état dans lequel j'en suis partie. Je n'accepterai qu'une concession : dans le même état, mais le mal de tête en moins, si possible...

Désormais, le « grand » me fait face, au bout du lit :

– Alors, madame Lieby, qu'est-ce qui vous a mis dans cet état ?

Ils ont placé la canule qui me permet de parler, mais je n'ai pas grand-chose à dire. Ce qui s'est passé ? Ils devraient le savoir mieux que moi ! Dans mon esprit s'entrechoque un maelström d'images et de sensations. Je ne suis pas encore capable de dissocier ce qui relève du délire et de la réalité. Tout ceci se précise un peu plus tard ; me revient en mémoire l'épisode de la pièce de l'inhalateur ramassée par la préposée à l'entretien. Ils doivent le savoir, c'est important.

Je demande à l'infirmière d'appeler les médecins.

Ils viennent à deux, le « grand » et le « petit ».

Je leur raconte l'épisode.

– Quelle pièce ? s'interroge l'un.

– Tu sais, le bout…, répond l'autre.

Ils se regardent… et font demi-tour, sans un mot. Ce n'est pas la grande explication à laquelle je m'attendais, mais s'ils ont compris, c'est le principal.

Un peu plus tard, le « grand » est revenu me dire :

– Pensez aux bonnes choses ! Oubliez tout ça… Vous êtes remise, c'est le plus important !

– Non, ça, je ne l'oublierai jamais !

Et j'ai repensé à Estelle, l'infirmière. Je ne lui veux aucun mal, mais j'espère qu'elle n'oubliera jamais, elle, mes yeux qui la suppliaient…

Ma vie de convalescente se poursuit.

La chute était surtout morale. Je ne repars pas de zéro. Je ne suis pas retombée tout en bas. Je reprends mes apprentissages plus ou moins là où je les avais laissés. Je continue à me réhabituer, jour après jour, à la nourriture, à la parole, à l'évacuation des sécrétions, aux pas dans le couloir… et à la respiration : mes premières nuits se passent avec l'assistance de ce respirateur que l'on m'a réinstallé de force, mais j'insiste pour que l'on m'en débarrasse lors des visites, afin de pouvoir parler. J'ai repris ma marche en avant. J'apparais plus que jamais comme une curiosité dans ce service de réanimation où les malades n'essayent ni de marcher, ni de mâcher, ni de parler, mais simplement de ne pas mourir.

Et voici qu'un beau jour de novembre, un groupe de spécialistes vient me voir. Ils sont en force : une dizaine, peut-être. Je ne peux m'empêcher de penser que c'est une façon de m'impressionner.

Au milieu d'eux se tient le chef de service. Le professeur m'annonce avec un grand sourire, qui se reproduit comme par magie sur les visages de tous les hommes présents :

– Très bonne journée, aujourd'hui, madame Lieby ! Nous avons une grande nouvelle !

Je ne réponds pas. J'attends patiemment. Je ne suis pas du genre à me réjouir sur commande.

Le grand chef poursuit donc :

– On vous a trouvé une place en cure ! Au centre médical de Saâles. Vous allez pouvoir nous quitter !

Saâles ? Je sais très bien où c'est. Un coin charmant, dans un col de ces Vosges que nous apprécions tant, Ray et moi. Mais justement : c'est en pleine montagne. Loin de la ville, et plus loin encore en hiver, avec la neige, le verglas. Comment fera Ray pour se rendre là-haut chaque jour ? Comment feront mes amis ? Je n'aurai plus de visites. Non, ce n'est pas possible, je ne peux pas m'exiler là-haut. Il se trouve que cette « grande nouvelle » avait été éventée : elle m'était déjà venue aux oreilles… J'avais eu le temps de la ruminer, de m'y préparer. D'affermir ma décision.

– Non.

– Comment ça, non ?

– Non, merci. C'est beaucoup trop loin.

Tous les sourires se sont évanouis d'un coup, pour laisser place à des sourcils froncés.

– Vous ne voulez quand même pas rester ici ?

– Non. Mais je voudrais rester à Strasbourg…

Le professeur réfléchit un instant. Et fait une autre proposition :

– Vous voulez rentrer chez vous ?

– Comment ça ?

– Vous auriez des aides à domicile et vous pourriez aspirer vous-même les sécrétions, devant un miroir… C'est possible, vous savez…

– Non plus.

– Vous ne voulez pas rentrer chez vous ?

– Si, bien sûr, mais pas comme ça…

– Il n'y a pas d'autre solution : c'est soit chez vous, soit à Saâles. Vous savez, ça arriverait à l'un de nous, nous non plus n'aurions pas d'autre choix…

– Trouvez-moi autre chose.

L'enthousiasme initial a été complètement refroidi. Ils me quittent l'air grave, devant un problème apparemment insoluble.

Quand Ray arrive, en début d'après-midi, je lui raconte la scène.

Sa réaction me réconforte. Je le sens fier de moi :

– Tu as très bien fait, ma chérie !

Mettre de la distance et des routes enneigées entre nous ? Ils n'y pensaient pas ! J'ai démontré depuis quelques mois que je suis apte à supporter beaucoup de choses, mais il y a quand même des limites à ne pas dépasser !

30

Un nouvel horizon

CHANGEMENT DE DÉCOR. Comme il est agréable de fermer une porte et d'en ouvrir une autre ! Me voici dans l'unité de surveillance continue d'un centre hospitalier d'Illkirch, dans la banlieue sud de Strasbourg. Enfin un nouvel horizon ! Enfin un service qui prend ses distances avec la morgue.

Je me réjouis même si au début, je l'avoue, je suis un peu déçue. Quand j'avais demandé aux infirmières de l'hôpital si elles savaient à quoi ressemblait le centre d'Illkirch, l'une d'elles avait répondu : «Oh, c'est très bien ! Là-bas, vous l'aurez, votre salle de bains…» Raté : je suis dans une petite chambre, qui n'a ni cabinet de toilette ni fenêtre. Et l'endroit est vétuste, hors d'âge… Mais la déception n'est que passagère. Ce n'est pas ça le plus important ; l'important, ce n'est pas que le bâtiment soit moche, c'est que le service soit de qualité. L'important, c'est que j'aie quitté pour de bon le monde des vivants en sursis. Je ne suis pas dans une chambre avec vue, mais au moins suis-je dans une chambre avec vie.

Après mon refus, donc, les médecins ont finalement trouvé une solution autre que cette simple alternative : la montagne ou la maison. Dans la vie, il est important de savoir dire non, parfois…

J'arrive ici le 24 novembre. Ce changement de lieu est la validation de mon changement d'état. Je suis encore grandement handicapée, mais je vais beaucoup mieux, personne ne peut le nier, et surtout pas moi. Je vais d'autant mieux que le docteur qui s'occupe de moi désormais a l'air de ne pas trop aimer les médicaments. Dès les premiers jours, il diminue les doses que l'on m'envoie par la sonde :

– Ça, vous n'en avez pas besoin ! Et ça non plus…

Ce régime me fait du bien. Je sens que je respire mieux. Dans toutes ces molécules, il y en avait sûrement certaines qui m'endormaient les bronches.

Je ne chôme pas, ici. Tant mieux : ce n'est pas dans un lit que l'on guérit. Tous les jours, Jacky, le kiné, vient me chercher. Il m'emmène en fauteuil roulant jusque dans la salle de rééducation, où il me fait effectuer divers mouvements, me demande de soulever des petits sacs… Désormais, j'arrive à marcher simplement en le tenant par le bras. Comme un couple de petits vieux, si ce n'est le tuyau de la gastrostomie qui pendouille à ma taille…

Je le tiens fermement, signe que je commence à avoir de la force dans les mains.

Il en rigole :

— Je vais avoir le bras tout bleu !

Comme pour un sportif, on m'enfile des chaussures spéciales. Mes baskets à moi ont le bout coupé, pour qu'on voie mes orteils et qu'on s'assure qu'ils ne sont pas repliés. S'ils étaient tordus, je ne le sentirais pas : je n'ai aucune sensibilité au bout des jambes. Mes pieds ne sont que des bouts de bois vaguement articulés. Dans ces baskets sont installées des semelles spéciales. Une tige remonte sur le mollet et est attachée à ma jambe, pour que mes pieds restent bien positionnés.

J'ai besoin d'un sol bien plat, sinon je suis bloquée. Mais Jacky, justement, ne veut pas que je m'arrête devant le moindre obstacle. C'est avec lui que je franchis la première marche depuis mon hospitalisation. Mes genoux lâchent, je m'affaisse, il me retient. Mais dès la deuxième, je tiens le choc. Il est fier de moi. Au fond, oui, je crois pouvoir dire que je suis une bonne élève…

Le docteur et moi sommes sur la même longueur d'onde : nous voulons aller vite et bien. Une semaine seulement après mon arrivée, il m'estime apte à vivre sans trachéotomie. Pour la deuxième fois, le 2 décembre, on m'arrache donc «définitivement» la canule. D'un coup sec, comme d'habitude.

J'appréhende un peu, évidemment. C'est psychologique : je suis surtout inquiète de passer le cap du quatrième jour...

– Vous resterez près de moi, docteur, n'est-ce pas ? Tous les jours ?

– Bien sûr ! Où voulez-vous que j'aille ?

Les jours passent. Et chaque matin, il me lance, avec un air malicieux :

– Vous voyez, vous êtes toujours vivante !

31

Retour aux origines

LE CLEMENCEAU ! Ouf, ouf et triple ouf ! J'en rêvais… Un immeuble de pierre de taille et de briques rouges au 45, boulevard Clemenceau, dans un beau quartier de Strasbourg, agrandi sur l'arrière par des bâtiments plus modernes et fonctionnels. Mon Graal ! C'est là que je voulais venir. Je le réclamais déjà quand j'étais à l'hôpital.

J'en rêvais pour plusieurs raisons. D'abord, évidemment, parce que ce n'est plus un hôpital, mais un centre de réadaptation. Ensuite, parce que je savais qu'il y a ici une piscine et que j'attends avec impatience l'heure de mon premier bain. Ensuite encore, parce que c'est près de chez moi. Enfin, pour une raison personnelle et symbolique… Le hasard veut que cet établissement soit situé en face d'une grosse villa 1900, en briques rouges elle aussi. Dans cette maison était autrefois installée une maternité privée joliment appelée « Le berceau ». Eh bien, c'est dans ce très chic berceau que je suis née ! Pour l'anecdote, c'était le jour de la fête des Mères*, le dimanche 25 mai 1952. Ma mère avait été gâtée... Cette belle villa est ma maison natale. Et il n'est pas illogique, au fond, que je ressente le besoin de revenir ici, dans cette rue, à quelques mètres de la chambre où j'ai poussé mon premier cri, pour accomplir ma renaissance.

Le Clemenceau est mon cadeau de Noël. Je voulais être en rééducation, c'est-à-dire avoir quitté le monde hospitalier, avant les fêtes. Et j'entre ici, ce 9 décembre 2009, heureuse et fière comme si j'intégrais une école prestigieuse. Il y a d'ailleurs, entre ces murs, un côté camaraderie scolaire. Je découvre un monde hétéroclite : femmes, hommes, enfants, ados, personnes agées. Tous handicapés, cabossés par la vie, survivants de chaos inconnus. Chacun a son attribut, son objet fétiche, qui ne le quitte pas : fauteuil roulant, déambulateur, canne, prothèse, orthèse...

Au début, mon accessoire à moi, c'est le déambulateur. C'est curieux, ce dispositif évoque les chariots que je fabriquais dans mon autre vie, il y a un peu moins de six mois... La boucle est en train de se

---

* Le dernier dimanche de mai en France.

boucler. Au lieu de transporter des courses, il me conduit, moi : je m'y appuie, et le pousse dans les couloirs, à la rencontre de mes nouveaux camarades. C'est agréable d'être de nouveau en société. Je me sens bien, ici. J'en ai fini pour de bon avec l'inaction. Je n'ai plus une minute à moi. Mon agenda est celui d'un ministre !

Détail plus important qu'il n'y paraît : je ne suis plus en chemisette. Je porte généralement un tee-shirt et un pantalon de survêtement. Ce n'est pas la tenue la plus chic, d'accord, mais au moins je m'habille de nouveau.

Peu après mon arrivée, on évalue, lors d'une séance d'ergothérapie, les dégâts causés sur mon corps par la maladie. Le résultat n'est pas fameux : tous les muscles sont à plat. Alors, les activités s'enchaînent : pâte à modeler, sculpture sur bois, cuisine, balnéothérapie, pingpong en chaise roulante pour travailler les réflexes... Avec un tel programme, je me croirais en colonie de vacances.

Je me rends compte, en regardant d'autres pensionnaires, que je suis une des plus volontaires, une des plus assidues aux différentes activités. J'ai une volonté farouche de progresser.

Tout est encore très compliqué : il me faut deux séances pour préparer une tarte aux pommes... Mais il n'y a pas que des douceurs : il reste quelques douleurs à affronter. Le 21 décembre est le jour fixé pour m'enlever le dernier vestige de mon passage en réanimation, pour couper le dernier fil qui me relie au monde des grands malades : la gastrostomie. Voici une quinzaine de jours maintenant que je ne suis plus du tout alimentée par cette sonde.

Pour m'en débarrasser, je dois refaire un séjour express à l'hôpital, en gastroentérologie.

Je suis à la fois impatiente et craintive : on m'a bien fait comprendre que ce ne sera pas une partie de plaisir. On m'a expliqué qu'on m'avait placé un vieux modèle. Il est « à parapluie ou collerette » et non « à ballonnet ». La différence ? Elle se révèle quand il faut retirer le système : dans le cas du ballonnet, il faut le dégonfler pour pouvoir l'enlever ; dans celui de la collerette, il suffit… d'arracher. D'un coup sec, je connais la technique. Quand on m'a mis cette sonde, on pensait peut-être que le problème de son enlèvement ne se poserait plus de mon vivant.

Or, ce moment finit par arriver. Heureusement…

Et c'est maintenant. Une femme toute menue s'apprête à officier.

Je m'inquiète :

– Vous êtes sûre que vous aurez assez de force ? Attention : je ne supporterai pas deux tentatives !

Elle sourit. Un homme se tient à ses côtés. Il m'assure… et me rassure :

– Je l'aiderai si besoin.

Faisons confiance, comme d'habitude… Je bloque ma respiration et… c'est atroce! Bien plus fort que lorsqu'on m'extirpait la canule. C'est simple : j'ai cru que l'on m'arrachait l'estomac. La coupe de douleurs n'était pas encore pleine, mais avec ce que je viens d'endurer, j'espère avoir désormais eu mon compte pour le restant de mes jours…

– Vous pouvez respirer! Respirez maintenant!

Comment? Ah oui, pardon, j'oubliais! Je peux enfin me relâcher…

Les activités du Clemenceau reprennent de plus belle, avec l'ergothérapeute Frédérique, les kinés Jean et Jean-Marie et la psychologue Marie-Thérèse.

J'ai rendez-vous avec cette dernière une fois par semaine. Elle est souriante, accueillante, dynamique. Son bureau est au troisième, porte 326.

Quand on m'a proposé de voir une psychologue, j'étais sceptique. Est-ce bien utile? Pourra-t-elle me comprendre? Que pensera-t-elle de cette histoire? J'aurai l'air d'une folle quand je lui raconterai tout ça…

En réalité, c'est le contraire : mon témoignage l'enthousiasme.

Elle est parfois stupéfaite :

– Je n'ai jamais entendu une chose aussi horrible! Et j'en ai entendu, des choses, ici…

Parfois émerveillée :

– C'est formidable, ce que vous me dites ! Ce ne sont que des symboles forts !

Ces visites me font du bien. Pourtant, je pleure quasiment à coup sûr, dans ce bureau du troisième. J'en suis gênée. Ce n'est pas dans mes habitudes d'aller chez les gens pour pleurer. Mais elle, ça ne la dérange pas du tout :

– Pleurez, pleurez ! Il ne faut surtout pas avoir honte ! Tant que vous pleurez, c'est que vous n'êtes pas tout à fait guérie.

Et elle insiste, elle me fait répéter exprès les passages les plus durs, ceux qui me font systématiquement craquer. Ces moments de douleurs si intenses, physiques et morales. Ces douleurs bloquées à l'intérieur de moi, qui me ravageaient intérieurement et ne provoquaient pas le moindre frémissement sur ma peau.

La souffrance est une expérience solitaire ; elle ne peut pas se partager. Dans mon cas, ce principe me semble encore plus vrai. Ce que j'ai ressenti me paraît réellement indescriptible…

La psychologue n'est pas de cet avis.

Elle me pousse, elle me force.

– Racontez-moi cet épisode encore une fois !

– Ah non, celui-là, je vous l'ai déjà raconté ! Vous le connaissez par cœur…

Et j'y retourne, là-haut, chaque semaine. Je sais qu'elle a raison, que je dois sortir tout ça. Que je ne dois absolument pas le garder pour moi.

J'apporte mon cahier vert. Je lui lis des passages. Elle, au moins, ne se moque pas de mes envies d'écriture. Elle redoute au contraire que j'abandonne cette idée.

Elle me sert un argument de poids :

– L'écriture, c'est important pour vous, mais ça l'est aussi pour ceux qui sont ou seront dans votre cas. Surtout, n'arrêtez pas !

Le 23 décembre, je fournis un effort que je trouve remarquable : trente minutes de vélo d'appartement. Et le lendemain, je gagne le droit de rentrer chez moi. Enfin… La plus luxueuse des chambres d'hôpital n'égalera jamais le confort de sa propre maison.

Je le constate en voyant le calendrier : ma maladie est encadrée par les deux grandes fêtes républicaine et religieuse de l'année ; je suis partie de la maison la veille du 14 juillet et j'y reviens la veille de Noël.

32

Bonjour printemps !

BONNE ET HEUREUSE ANNÉE !
— Et surtout la santé !
On en rigole ! Oui, je crois que maintenant, on peut en rigoler ! Des souhaits pour 2010 ? Ils sont déjà exaucés, puisque je suis de retour.

Je suis en « permission » à la maison pour le Nouvel An, comme je l'avais été pour Noël. J'avais alors retrouvé toute ma petite famille : mon mari, ma fille, mon gendre, mes petites-filles… On a ouvert les paquets, mais c'étaient eux, mes cadeaux. L'émotion était incroyable. J'en ai eu la confirmation : c'est chez soi, auprès de siens, que se situe la vraie vie.

Le samedi 30 janvier, c'est le grand jour : je rentre chez moi définitivement. J'ai du mal à le réaliser… Je ne retournerai plus au Clemenceau qu'en « hôpital de jour», trois jours par semaine, pendant deux mois. Ray verse des larmes de joie. On peut être solide et sensible, ça n'a rien d'incompatible. Il me prépare un repas de fête. Dire qu'il n'y a pas si longtemps, ma nourriture était cette substance non-identifiée qui entrait en moi par un tuyau, à mon insu... Et là, je redécouvre le romantisme d'un dîner en amoureux. Oui, la vraie vie est de retour!

Les premières nuits, Ray se réveille et m'observe en train de dormir à ses côtés : il veut s'assurer que ma respiration est régulière... Il arrive que la force de son attention me réveille à mon tour : je m'en étonne, on en rigole, et on se rendort, heureux d'être à nouveau ensemble jour et nuit.

Le 19 mars, le kiné Jean-Marie m'accompagne en ville. C'est ce qu'il appelle une «visite pédagogique». Il me laisse faire, il m'observe. Il se tient à distance respectable pour que je ne sois pas tentée de m'agripper à son bras. On prend le tram, on marche dans les allées du marché de la place Broglie, à l'ombre des architectures imposantes de l'opéra et de l'Hôtel de ville. Je suis un peu angoissée, mais il ne trouve que des points positifs.

Et le lendemain, je sors seule pour la première fois dans le brouhaha urbain. Heureuse et peureuse. Je me fatigue très vite, les obstacles s'accumulent, les klaxons me font sursauter, mais ça y est, cette fois, je peux le dire franchement, sans craindre de me mentir à moi-même : je suis sauvée. C'est là, vraiment, lors de ces quelques pas dans une ville vibrante, place Kléber, au cœur de Strasbourg, au milieu de tous ces passants qui ne me remarquent pas, qui ne trouvent pas ma présence incongrue, que j'acquiers enfin la certitude que je m'en suis sortie. Pour de bon. Ça y est ! C'est incroyable, au fond, si je revisite mon passé récent... Je l'ai accompli, cet extraordinaire retour à la vie. Je suis remontée de l'enfer. Je n'étais d'abord rien qu'un esprit emprisonné, puis rien qu'un corps paralysé et je suis de nouveau une anonyme parmi la foule. J'ai réintégré la communauté des gens ordinaires. L'emmurée vivante est revenue dans la vraie vie. La petite vieille en fin de vie n'est pas redevenue une jeune fille, mais une quinquagénaire (presque) normale.

Le temps est beau, les arbres se couvrent d'un beau vert tendre.

Je me sens comme une prisonnière qui franchit dans le bon sens les grilles de la prison. L'air extérieur a une saveur nouvelle, enivrante. Je m'offre le plaisir d'un peu de shopping. J'achète des chocolats pour Ray. J'essaye de paraître le plus naturelle possible quand j'ouvre mon portefeuille, que je tends la main pour prendre le paquet que brandit la vendeuse. Le ciel est immense, le vent balaye toutes les mauvaises pensées. Il me chatouille le visage pour le forcer à sourire.

C'est encore une date symbolique, et je promets que je ne l'ai pas fait exprès : nous sommes aujourd'hui le 20 mars. Le premier jour du printemps.

33

De la fin au début

NOVEMBRE **2010**
J'ai parcouru des centaines de kilomètres en pensée, clouée durant des mois dans un lit d'hôpital.

Puis j'ai appris à fournir cet effort énorme consistant à bouger mon bras de quelques centimètres.

Puis j'ai essayé de me dandiner, sur la planche de verticalisation, pour faire sourire les soignants et montrer mon bonheur de m'être relevée.

Puis je suis partie à l'assaut de couloirs aseptisés, voûtée, lente et tremblante, avec l'énergie vacillante d'une vieillarde.

Et voici que je danse comme une jeune mariée! Voici que je valse au bras de mon amour, dans la salle de bal d'un bateau en croisière sur le Nil. Les pyramides, le Sphinx, les souks, le désert... Nous sommes loin de Strasbourg, et loin de la maladie. Chaque jour, nous avalons avec gourmandise un grand plat de soleil, d'histoire et d'exotisme. Chaque soir, nous virevoltons, couple anonyme parmi des dizaines d'autres.

Ce voyage d'une semaine, c'est le cadeau d'anniversaire de Ray. Mais ce que nous fêtons surtout, sur ce fleuve mythique, aux portes de l'Orient, c'est la fin d'une incroyable histoire et le début d'une nouvelle. Plus banale, je l'espère, et incomparablement plus belle.

La musique s'affole, je tourne, je m'étourdis et Ray me retient. Ses bras sont une assurance tous risques. Je pourrais me convaincre que si mes pas sont mal assurés, c'est à cause du tourbillon, du roulis, de l'ivresse du bonheur. L'équilibre toujours précaire de la danse pourrait faire oublier celui de mon corps, encore un peu gauche, hésitant. Ma ligne est restée svelte, mais je dois bien admettre la réalité : qu'est-ce que je suis lourde ! Ray ne s'en plaint pas, il sourit, il s'amuse... Mais qu'est-ce qu'il travaille !

– Tiens-moi fort !

C'est une parole d'amour autant que l'expression d'une inquiétude.

Je sais bien, pourtant, que je n'ai rien à craindre : il m'a suffisamment prouvé qu'il n'était pas du genre à me laisser tomber.

Juillet 2011

Je m'accroche encore à Ray.

Je m'y agrippe, je ne le lâche pas pendant plusieurs heures. Le décor est moins glamour, mais il est également magnifique : nous sommes en haute montagne, sur des sentiers si escarpés que cette expédition, pour moi, s'apparente à de l'alpinisme.

Nous randonnons dans le massif des Aiguilles-Rouges, face au massif du Mont-Blanc. Les premiers jours, je me pinçais pour réaliser que j'étais bien de retour sur les sommets. J'aspirais goulûment cet air vif, un peu piquant, pour constater que je savais de nouveau respirer à pleins poumons. Je regardais avec avidité le panorama pour constater que je savais de nouveau embrasser du regard une immensité. Et maintenant, je grimpe avec ténacité, je serre les dents, pour constater que je suis de nouveau capable de produire les efforts que je produisais autrefois. Pour être honnête, ce n'est pas encore tout à fait ça, mais ma progression est très encourageante.

Pendant deux jours, Ray m'a quittée pour s'offrir la traversée du Buet avec le groupe des marcheurs les plus expérimentés. Je me suis limitée au classique tour des Fiz. Soit, quand même, quatre à cinq heures de marche quotidienne pendant une petite semaine, agrémentée de plusieurs cols à plus de deux mille mètres. Le matin, il faut que je « dérouille » mon corps : j'ai encore des réveils de petite vieille, et ces mises en train sont d'autant plus difficiles que je suis atrocement courbaturée. Comme si j'étais tombée sous un camion… Mais les autres randonneurs aussi sont endoloris. Et ces douleurs-ci ne me dérangent pas du tout, contrairement à d'autres. Celles-ci sont naturelles, logiques, légitimes. Ce ne sont que les douleurs d'un corps qui s'est remis à fonctionner.

Les chemins des deux groupes se sont rejoints. J'ai retrouvé mon guide. Et j'en ai bien besoin, car le sentier reste raide, et la pluie s'est invitée.

Nous sommes trempés jusqu'aux os. J'attends avec impatience le confort spartiate du refuge de Platé. Je me réjouis. Cet inconfort-là, à deux mille trente-deux mètres d'altitude, dans un brouillard humide, est tout à fait délicieux quand on a craint de passer le reste de ses jours prisonnière de son lit.

Cette marche a débuté le 14 juillet. Soit deux ans, jour pour jour, après le séisme intérieur qui est venu me frapper. Déjà, l'année précédente, pour le premier anniversaire du déclenchement de ma maladie, je n'étais pas à la maison : je m'étais débrouillée pour être chez ma fille, dans la banlieue parisienne. Est-ce qu'un jour cette date ne m'évoquera plus que la prise de la Bastille, les bals et les feux d'artifice ? J'en doute fortement. C'est un moment difficile, pour moi, désormais, le retour de la fête nationale.

Décembre 2011

À présent, je fais totalement illusion. Il m'est arrivé dernièrement de retrouver des connaissances qui n'étaient pas au courant de ma mésaventure. Elles n'y ont vu que du feu :

– Tiens, Angèle ! Comment vas-tu ? Ça fait longtemps… Tu as l'air en pleine forme !

Je ne porte plus aucun signe extérieur de la maladie. Mes cheveux n'ont plus cet aspect laineux qu'ils avaient à mon réveil. Je mange, je marche, je bouge, je parle normalement. La trachéotomie avait laissé sur ma gorge une curieuse cicatrice évoquant un nombril mal placé… Grâce à une petite correction esthétique, on ne devine plus rien de cet ancien trou. Celui de la gastrostomie a bien laissé une trace sur mon estomac, mais elle est discrète, bien cachée, pas plus gênante qu'un souvenir d'appendicite. Personne n'imagine que je dois encore suivre cinq séances hebdomadaires chez le kiné et l'orthophoniste. Personne ne sait que j'ai encore des acouphènes, le soir, quand je suis fatiguée. Personne ne soupçonne que j'ai développé une petite phobie de l'hôpital : j'aurais peur, je l'avoue, de devoir être hospitalisée de nouveau. Même pour une broutille. Avant, j'y allais sans crainte, puisque le but était de me soigner. Cette insouciance n'est plus. Je tremble à l'idée de devoir souffrir de nouveau.

Je ne suis plus malade, mais je ne suis pas encore tout à fait rétablie. Et ce rétablissement, évidemment, doit concerner aussi bien le physique que le mental.

J'ai la chance, j'en ai conscience, d'être une bonne nature. Je l'ai déjà dit : j'ai de bons gènes, je suis positive, sportive et j'aime la vie. Je la croque ! Je sais goûter tous ses menus plaisirs. Et quand on aime la vie, on trouve la force.

Un des médecins-réanimateurs qui s'est occupé de moi a insisté dernièrement :

— Mettez-vous dans la tête que c'est vous qui vous en êtes sortie !

C'est curieux, je pensais qu'eux, les médecins, avaient aussi une part de responsabilité dans ma guérison… Blague à part, il a peut-être raison, mais j'ai surtout suivi la ligne tracée par mon caractère. Si j'avais eu des tendances dépressives, je serais sans doute encore couchée. Dans un lit, si ce n'est dans un cercueil. Et je crois que mon heure n'était pas venue, tout simplement. Je dois être prédestinée pour vivre vieille. Je n'ai pas l'impression d'être en sursis.

En revanche, cette expérience m'a changée. Je ressemble à celle que j'étais, mais je ne suis plus exactement la même. Je suis moins *speedy* qu'avant. Je voulais toujours que tout aille vite ! Je suis devenue plus réfléchie, plus contemplative… Chaque matin, je savoure le fait d'être en bonne santé. De pouvoir me lever, embrasser mon mari, appeler ma fille, rencontrer mes amies.

Le premier enseignement que je retire de mon expérience est simple : il faut toujours se battre, quelle que soit la mésaventure qui nous tombe dessus. Toujours y croire. Ne pas cesser d'avancer, même si progresser de quelques millimètres exige un effort acharné. Si l'on n'y croit pas, si l'on abandonne, si l'on considère que gagner ces millimètres ne changera rien, on est condamné d'office. Aller de l'avant, c'est fondamental.

Je reconnais que la douleur, en certaines occasions, est devenue si extrême qu'elle m'a ôté provisoirement le goût de la vie. Elle a pu m'assommer. Mais dès que je reprenais mes esprits, j'y croyais de nouveau. Peu importait la gravité de mon état. Je ne pouvais m'imaginer que la fin était là. Ce ne pouvait être le terme. Ce n'était pas possible. Il ne le fallait pas.

Le second enseignement est aussi élémentaire que le premier : il faut profiter de chaque instant de sa vie. Et lui donner un sens. Il ne faut surtout pas la gaspiller à n'en rien faire, car elle est précieuse.

Jusqu'à cette maladie, je n'avais jamais pensé à la mort. Elle m'a frôlée, elle est venue me narguer, et j'ai découvert que le temps était compté. Que tout pouvait basculer d'une minute à l'autre.

Rien n'est acquis. La vie n'est pas une évidence, comme je le pensais autrefois. Elle est incroyablement fragile.

Puisque la mort s'est contentée de m'effleurer, je ne suis pas une ressuscitée, comme on a pu le dire ou l'écrire. Ou comme le pensent peut-être ceux qui m'avaient enterrée un peu vite. En janvier 2010, lors d'un congrès de réanimateurs, l'un de ceux qui m'avaient suivie a exposé mon cas sous ce titre, pour le moins maladroit : «Les morts nous entendent»...

Il est sûr que quand je suis repassée pour la première fois dans le service de réanimation, un an environ après l'avoir quitté, j'ai vraiment eu l'impression, aux yeux de mes anciens soignants, d'être une apparition! Quant à mes bonnes copines, celles qui m'ont vue tout en bas, aussi glacée dans mes draps que dans un linceul, elles sont encore estomaquées par mon retour gagnant.

Si je ne suis pas une ressuscitée, suis-je au moins une miraculée?

Non plus. C'est la vie, le miracle, pas moi.

34

Un autre regard sur le coma

QUE M'EST-IL ARRIVÉ?
Après tous ces examens, toutes ces discussions, toutes ces pages, je me retrouve dans l'obligation de conclure qu'il reste dans tout ceci une bonne part de mystère.

J'ai l'impression d'avoir été la victime d'un accident sans fautif, d'une agression sans motif. D'un violent coup du sort. Aucun antécédent, aucune conduite dans ma vie passée, aucune prédisposition ne pourrait expliquer pourquoi cette maladie m'est brutalement tombée dessus, un matin de juillet.

Pourquoi, en quelques mois, suis-je passée de la normalité à l'enfer, puis de l'enfer à la normalité? Pourquoi suis-je descendue si bas et pourquoi en suis-je revenue? Comment expliquer que cette réaction du système immunitaire à une infection banale ait été, cette fois-ci, si démesurée ? Qu'elle se soit transformée en une véritable explosion atomique qui a attaqué toute l'enveloppe des fibres nerveuses, la myéline, mais a heureusement épargné les nerfs ? Car la myéline peut se reconstituer, mais il faut pour cela que la trame n'ait pas été atteinte...

Mon cas révèle une leçon essentielle : une personne peut être pleinement consciente tout en donnant l'apparence d'un coma dépassé.

Vu de l'extérieur, sans recourir à des examens poussés, mon cerveau paraissait totalement hors service, alors qu'il fabriquait en continu de l'incompréhension, des doutes, de l'angoisse...

Dernièrement, j'ai discuté avec un aumônier catholique qui intervient auprès des personnes en fin de vie et a exercé comme infirmier dans un service de réanimation chirurgicale. Je lui ai parlé du test du sein. Il m'a confirmé qu'il se pratiquait, et surtout qu'il était fiable :

– C'est le point le plus sensible du corps. Quand la personne est consciente, ça suscite forcément une réaction... Vous devez être très spéciale !

Je suis un cas : on me le dit souvent, et je vais finir par le croire...

L'échelle de Glasgow évalue un coma en fonction de la réaction de la personne à des stimulations. Ceci va d'un simple appel vocal à la stimulation douloureuse, qui a cette particularité de pouvoir engendrer une réaction même chez une personne inconsciente. L'intensité de cette douleur culmine au pincement du sein, qui m'a vraiment donné l'impression que l'on m'arrachait une partie du corps. Et ce test, assure un neurologue en écho au prêtre, «n'est pas de la sauvagerie, c'est une bonne pratique clinique avec les sujets comateux. C'est un "coûte-pas-cher" par rapport à une IRM fonctionnelle par exemple, mais ça marche très bien...».

Depuis mon cas, il faut désormais parler à l'imparfait : ça « marchait » très bien.

Mais suis-je la seule à avoir été victime de cette méprise? J'ai du mal à croire que je serais la première personne à qui cette mésaventure est arrivée. Combien de personnes ont connu les mêmes affres que moi? Cette insupportable impuissance face à l'agression, ce sentiment de n'être qu'une chose que l'on pourrait jeter à tout moment...

N'était-il pas possible de procéder à de véritables examens pour découvrir que, derrière ma carapace d'immobilité, je pensais, j'entendais, je percevais tout? Au-delà du simple fait de décider de la vie ou de la mort, du bon ou du mauvais état fonctionnel du patient, les techniques actuelles ne permettent-elles pas de dire aussi ce qu'il ressent?

Le problème, en réalité, est peut-être que le ressenti du patient n'est pas toujours la principale préoccupation des grands docteurs…

Pour évaluer mon état de conscience, les médecins pouvaient recourir à divers examens : une imagerie par résonance magnétique (IRM) fonctionnelle, la scintigraphie ou, ce qui est l'examen le plus simple, l'électroencéphalogramme (EEG).

Dès que j'ai pu reparler avec les médecins de la réanimation, j'ai demandé pourquoi on m'avait fait endurer l'épreuve du test du sein.

On m'a répondu :

– Parce que tout était plat, madame ! Il n'y avait plus rien !

Une façon de se dédouaner ? De couper court à toute discussion ?

Dernièrement, par téléphone, j'ai redemandé à l'un des réanimateurs ce que l'on voulait dire quand on m'expliquait ainsi, de façon aussi surprenante que simpliste, que « tout était plat ». Il m'a dit ne pas s'en souvenir, qu'il ne pouvait pas me répondre directement parce qu'il n'avait pas mon dossier sous les yeux. J'ai du mal à croire qu'il ne se souvienne pas de ce cas de figure que j'imagine extrêmement rare, car *a priori* tout bonnement impossible : un EEG plat effectué sur une personne consciente…

J'ai recherché les mentions d'EEG dans les documents médicaux.

Ces examens n'ont pas manqué. Et en particulier aux moments critiques, dans ces heures, ces jours durant lesquels un médecin-réanimateur au moins a estimé que je ne reviendrais plus du côté des vivants.

C'est le vendredi 17 juillet 2009, trois jours seulement après le début du coma thérapeutique, que ce docteur a conseillé à mon mari d'aller me réserver une place au cimetière. Ce que Ray a fait le lendemain, le samedi 18, en se rendant aux pompes funèbres.

Or, des EEG ont été pratiqués le 16 et le 18. Tous deux étaient inquiétants, c'est vrai : ils concluaient à des «ralentissements», des «dégradations», des «aggravations» de l'activité du cerveau. Mais ils n'étaient pas plats ! Dans les deux cas, on était encore bien loin de la mort cérébrale.

Le jour même où Ray choisissait le bois de mon cercueil, un EEG attestait que l'état de mon cerveau était certes préoccupant, mais qu'il était toujours actif.

Pourquoi a-t-on négligé de l'en informer ? Pourquoi l'a-t-on laissé effectuer cette démarche atroce ? On n'a pas jugé bon de préciser à mes proches que ma situation n'était pas aussi catastrophique qu'annoncée jusqu'à ce qu'ils le constatent par eux-mêmes, une semaine plus tard, avec l'épisode de la larme.

Et surtout, comment un médecin a-t-il pu être aussi catégorique, si rapidement ?

Annoncer à un mari la mort prochaine de sa femme alors que cette perspective est loin d'être une certitude est déjà un acte peu banal, et extrêmement contestable ; mais le faire seulement quatre jours après son admission à l'hôpital, quelques heures seulement après le moment où elle était censée se réveiller, alors là, ça relève franchement de l'inconcevable !

Se préoccupe-t-on des préjudices psychologiques que de tels comportements infligent non seulement aux patients, mais aussi, en l'occurrence, à leurs proches ?

Certes, il faut reconnaître, comme me l'a expliqué un spécialiste en neurologie, que mon cas était « rare et trompeur ».

Ce qui compliquait le diagnostic, c'est que l'atteinte nerveuse concernait à la fois la zone centrale (la région du cerveau et la moelle épinière) et la zone périphérique. Normalement, chez un comateux, il n'y a pas d'atteinte périphérique ; les stimulations douloureuses suscitent donc des réactions motrices stéréotypées (comme des flexions au niveau des membres supérieurs), ce qui n'était pas mon cas. À l'inverse, quand l'atteinte est purement périphérique, la personne est totalement immobile, mais elle est vigilante : elle ne donne pas cette fausse apparence de coma profond.

Cette configuration piégeuse n'excuse en aucun cas l'attitude expéditive de ce docteur. Comme le résume le neurologue : « Tout a été rare dans votre cas : votre maladie, mais aussi le comportement de celui qui a "conseillé" votre mari...»

Lors de la conversation téléphonique citée précédemment, le réanimateur m'a aussi exhortée à passer à autre chose, comme on me l'avait déjà conseillé après l'épisode de l'inhalateur défectueux :
— Vous devez oublier tout ça, sinon vous allez faire une dépression.

Je ne peux m'empêcher de penser que cette recommandation sert plus l'intérêt des gens de l'hôpital que le mien... Dans un hôpital, on préfère toujours que le patient ne réfléchisse pas.

Longtemps, j'ai été la patiente idéale : immobile, muette et même sourde en apparence. Un patient doit être passif. Il n'a pas à intervenir, surtout pas à réfléchir, il doit se contenter de subir. On ne lui dit que ce que l'on veut bien lui dire, et comme on ne veut pas lui dire grand-chose... J'ai remarqué que ça dérangeait les soignants, souvent, quand Ray assistait à un soin.

Certes, des progrès indéniables ont été effectués vers plus de transparence, comme l'accès au dossier médical, mais il reste à mon sens de grandes améliorations à apporter. La principale est culturelle : elle concerne l'état d'esprit de beaucoup de médecins. Beaucoup sont des personnes remarquables ; dans cette aventure, j'en ai rencontré plusieurs envers qui je garde une reconnaissance éternelle. Mais j'en ai aussi croisé qui ne doivent mon pardon qu'à une solide éducation chrétienne.

De façon générale, il me semble que les médecins doivent admettre qu'ils ont aussi des comptes à rendre. On peut tous se tromper, mais la première façon de réparer son erreur est de l'admettre. Il est irresponsable d'annoncer un pronostic fatal à un proche sur le simple fait d'une conviction, fût-elle intime ; il est choquant de ne jamais juger utile, par la suite, de venir s'en expliquer.

Avoir la vie d'un autre entre ses mains ne fait pas nécessairement de soi un dieu.

Tant pis si je remets en question des enseignements et des pratiques !

Tant pis si je génère le doute ! Tant pis, ou plutôt tant mieux !

Est-il bien pertinent de situer la mort à l'arrêt du cerveau plutôt qu'à celui du cœur ? Sans doute… si les bons examens sont effectués.

Avec le recul, la perspective horrible selon laquelle on aurait pu me débrancher ou me découper pour prélever un organe alors que j'étais consciente reste heureusement impossible : on m'aurait obligatoirement soumise à deux EEG à quatre heures d'intervalle ou à un angioscanner, qui, lors d'une mort cérébrale, atteste de l'absence de flux sanguin dans le cerveau.

J'ose espérer que ces vérifications auraient prouvé mon état de conscience... En outre, comme je l'ai déjà signalé, la décision de «débrancher» est collégiale : elle ne relève pas de la conviction d'un seul médecin. On ne m'aurait donc pas tuée... sauf peut-être d'épuisement physique et moral. Mais on aurait absolument dû m'empêcher de souffrir !

Après moi, on ne pourra plus jamais conclure qu'une personne ne souffre pas parce qu'elle est complètement inerte. Au contraire, et ce témoignage n'a cessé de le clamer, cette souffrance est encore moins supportable que les autres. Le soulagement de la douleur, physique et morale, doit être une préoccupation majeure des soignants, quel que soit l'état du malade.

Par mon histoire, je souhaite devenir la porte-parole des non-communicants. Je serais la plus heureuse si, désormais, on regardait ces «gisants-vivants» différemment. Au fond, l'attitude à adopter est, à mon sens, assez simple : tant que la personne est dans un lit et non dans un cercueil, il suffit de considérer qu'elle est encore capable de ressentir le bon et le mauvais, les bienfaits comme les méfaits.

Je crois que toutes les lois de la nature ne sont pas encore connues. Il y a encore des recherches à mener, des découvertes à accomplir. Et ce constat invite à la prudence plus qu'aux certitudes.

35

Témoigner

« IL Y A DES MÉDECINS POUR SOIGNER LE CŒUR, des médecins pour soigner les dents, des médecins pour soigner le foie... Mais qui soigne le malade ? »

La citation est de Sacha Guitry. Boutade ? Comme toute bonne boutade, elle contient un fond de vérité.

Les technologies les plus sophistiquées ne suffiront pas à tracer la voie de la guérison. Soigner ne se limitera jamais à un acte technique : c'est aussi savoir écouter, entendre au-delà des silences. J'ai croisé à l'hôpital des personnes dont le dévouement laïque était digne des Évangiles : il relevait vraiment de l'amour de son prochain. D'autres s'empressaient de faire demi-tour dès qu'elles détectaient le moindre problème.

Dans l'univers hospitalier, on se sent facilement dépossédé de son identité, parce que l'on perd ses signes distinctifs. On n'est plus qu'un corps meurtri, vaguement habillé d'une chemisette standard. On devient un numéro ; on entend crier dans le couloir «La 220 a demandé le bassin ! », et on réalise que la 220, c'est nous... On perd non seulement son identité, mais aussi son intimité. Notre propre corps ne nous appartient plus.

Comme je l'ai écrit en introduction, ce livre n'a d'autre ambition que de raconter la souffrance du point de vue du principal intéressé : celui qui souffre. C'est un reportage sur moi-même par moi-même dont l'unique prétention est la sincérité.

On ne cesse de me répéter que mon histoire sort de l'ordinaire. Il faut l'espérer... Moi, j'ai eu la conviction qu'il fallait que je transmette mon expérience non pas pour insister sur son aspect unique, mais pour m'assurer au contraire qu'elle reste bien cantonnée dans ce domaine de l'extraordinaire. L'intolérable est malheureusement bien plus banal qu'on ne voudrait le croire...

L'intolérable, je l'ai beaucoup côtoyé, je crois, pendant ce long combat que fut ma maladie.

Pourtant, aujourd'hui, je considère que j'ai eu de la chance. Beaucoup de chance. Parce que je peux revivre comme avant ; la maladie a failli me vaincre, c'est elle qui a été vaincue.

J'ai sorti les larmes que je devais sortir. Il en reste bien encore quelques-unes, qui se manifestent quand surgit tel souvenir, quand je me fais telle réflexion… Mais je me suis vidée de toutes les mauvaises pensées qui pouvaient m'empoisonner. Je me suis libérée de tous les poids qui pouvaient m'empêcher de poursuivre ma marche en avant.

J'ai aussi eu la grande chance de compter sur le soutien extraordinaire de ma famille et de mes amis. Au-delà des soignants et des traitements, ce sont eux qui m'ont sauvée. Sans eux, les soins, ma volonté et ma «bonne nature» n'auraient pas suffi. Sans l'amour de ses proches, on n'est rien.

Je me rends compte en l'achevant : ce livre est d'abord une grande histoire d'amour.

Mon mari et ma fille sont comme moi : ils vont beaucoup mieux. Je sais qu'ils sont devenus plus forts. Comme est devenu encore plus fort l'amour qui nous relie.

À présent, je suis emplie d'une énergie nouvelle. Douce et durable. Je ne redoute pas la vieillesse : avec ce qui m'est arrivé, c'est devenu un honneur de vieillir. J'ai déjà connu ma fin, il ne me reste donc que de belles choses à vivre. Les douleurs les plus effroyables vont passer comme un rhume. Mon sourire était paralysé ; il est revenu, et il est encore plus rayonnant.

Oui, je dois le dire : la chance m'a souri.

Oui, je le reconnais très volontiers : je suis une privilégiée.

Remerciements

*Ce livre est le fruit de ma rencontre avec le journa-
liste Hervé de Chalendar. C'est le récit le plus fidèle
possible de ce que j'ai vécu. Il s'agit de mon témoignage, et les faits rapportés sont conformes au
souvenir que j'en ai gardé. Des dialogues peuvent
différer de ce qui s'est dit réellement, mais ils n'en
trahissent jamais l'esprit.*

Je veux transmettre mes plus vifs remerciements
à tous ceux et à toutes celles qui ont été les témoins
courageux de mon long parcours vers la guérison.

Merci de m'avoir soutenue, encouragée, comprise.

Merci pour l'amour, l'amitié, les prières, les visites,
les attentions.

Merci à Ray et Cathy, mon mari et ma fille (pour leur courage, leur amour, leur soutien inlassables).

Merci à Célia et Mélanie, mes adorables petites-filles (la première avait couru un cross pour moi, à l'école ; la seconde, passionnée de musique, m'avait apporté son saxo, caché sous sa blouse, à l'hôpital…).

Merci à Jean-Denis Lokela et toute sa famille, Efolé, Michel, Anne-Marie, Jean Gilles, Ofengie, Joël et Mony (pour leurs prières, leurs louanges, leur présence apaisante).

Merci à Marie-Rose (pour sa patience et sa disponibilité), Gilbert, Paul, Denise, Claude, Marlène, Christine, Alain, Thierry, Guy, Thomas, Dominique, Corinne, Daniel, Catherine, Cathie, Félice et Denise (pour leurs visites, leur soutien).

Merci à Estelle (pour ses massages et ses petits gâteaux) et Véronique (pour ses courriels envoyés à Ray).

Merci à Chantal et Dédé (je ne vous oublierai jamais !).

Merci à Jean-Paul et Jeanine (pour leur trèfle porte-bonheur : ça marche).

Merci à Hélène, Marine et Georgeline (de la douceur à revendre !).

Merci aux soixante-dix membres d'Experando, Francis, Michèle, Angèle, Germain, Jean-Luc, Gaby, Josiane, Patrick, Marie-Claire, Christian, Michelle, Jojo, Bernard, Jean-Jacques, Marie-Blanche, Nadine,

Gérard, Roland, Martine, Pierre, Jean-Louis... et les autres !

Merci à Hubert, Patrick, Éric, André et tous mes anciens collègues (qui m'ont soutenue en pensée, mais aussi avec des fleurs, des chocolats, des cartes...).

Merci à Bernadette (pour ses bonnes paroles), Michel, Yolande, Nicole, Raymonde, Bertrand et Claudine (pour les lingettes humidifiées), Monique (pour ses belles lettres), Mathilde, Ljubinka et Henriette (pour leur bonne humeur et leur gentillesse).

Merci au personnel de l'hôpital, et en particulier au professeur Meziani (pour son professionnalisme), et aux infirmières : je pense surtout à la douce Nadia, à Johanne (que j'appelais Mylène parce qu'elle me faisait penser à Mylène Farmer...), à François et Alexandre, dont la compétence me rassurait ; à toutes les aides-soignantes (en particulier à Jennifer, pour son café et ses gâteaux).

Merci à tous les kinés qui m'ont suivie : Jacky, Maria, Marie-France, Jean-Marie, Caroline et Dennis (pour leur acharnement quotidien).

Merci à tous les soignants de l'unité de surveillance continue d'Illkirch, et en premier lieu au docteur Gaudias, qui m'a libérée définitivement de la trachéotomie.

Merci aux équipes du centre Clemenceau : le docteur Delplancq, les animateurs des différents ateliers, la psychologue Marie-Thérèse Francesconi (dont l'écoute a été si importante et qui m'a encouragée à entreprendre ce livre).

Merci à Céline et Elsa, orthophonistes, et à Frédéric, ergothérapeute.

Merci au pasteur Wolfgang Gros de Groër, aumônier (pour son réconfort, son silence, sa main tendue durant cinq mois), ainsi qu'à la pasteure Birmele et à l'aumônier catholique du Clemenceau.

Merci à Rabia et Rhizlane et à tous mes voisins et connaissances (pour leurs marques d'affection).

Merci à Vincent, Danielle et tous mes copains du Clemenceau (pour nos rendez-vous à la cafétéria).

Merci au docteur Hoibian (pour ses nombreux appels, son expertise).

Merci à mon médecin traitant, le docteur Kunzer (qui me soutient toujours).

Merci au docteur Sellal, neurologue à Colmar (qui a bien voulu relire ce manuscrit).

Merci enfin à tous ceux que j'ai oubliés, mais que je garde dans mon cœur.

Merci à tous ceux qui ont brûlé des cierges pour moi.

Merci à tous ceux qui me soutiennent encore.

Ma gratitude est immense.